A Revolução Guatemalteca

**REVOLUÇÕES
DO SÉCULO** 20

FUNDAÇÃO EDITORA DA UNESP

Presidente do Conselho Curador
Mário Sérgio Vasconcelos

Diretor-Presidente
José Castilho Marques Neto

Editor-Executivo
Jézio Hernani Bomfim Gutierre

Assessor Editorial
João Luís Ceccantini

Conselho Editorial Acadêmico
Alberto Tsuyoshi Ikeda
Áureo Busetto
Célia Aparecida Ferreira Tolentino
Eda Maria Góes
Elisabete Maniglia
Elisabeth Criscuolo Urbinati
Ildeberto Muniz de Almeida
Maria de Lourdes Ortiz Gandini Baldan
Nilson Ghirardello
Vicente Pleitez

Editores-Assistentes
Anderson Nobara
Fabiana Mioto
Jorge Pereira Filho

Greg Grandin

A REVOLUÇÃO GUATEMALTECA

COLEÇÃO REVOLUÇÕES DO SÉCULO XX
DIREÇÃO DE EMÍLIA VIOTTI DA COSTA

TRADUÇÃO
LUIZ ANTÔNIO OLIVEIRA DE ARAÚJO

© 2002 Editora UNESP

Direitos de publicação reservados à:
Fundação Editora da Unesp (FEU)

Praça da Sé, 108
01001-900 – São Paulo – SP
Tel.: (0xx11) 3242-7171
Fax: (0xx11) 3242-7172
www.editoraunesp.com.br
www.livrariaunesp.com.br
feu@editora.unesp.br

CIP – Brasil. Catalogação na fonte
Sindicato Nacional dos Editores de Livros, RJ.

G78r

Grandin, Greg
  A revolução guatemalteca / Greg Grandin; tradução Luiz
Antônio de Araújo. – São Paulo: Editora UNESP, 2004: il.
(Revoluções do século XX)

  Tradução de: The Guatemalan Revolution
  Inclui bibliografia
  ISBN 85-7139-575-6

  1. Guatemala – História – 1945-1985. 2. Guatemala
– História – Revolução de outubro, 1944. 3. Guatemala –
Relações exteriores – Estados Unidos. 4. Estados Unidos
– Relações exteriores – Guatemala. I. Título. II. Série.

04-3344   CDD-972.81052
                                  CDU 94(728.1)"1945/1985"

Editora afiliada:

Asociación de Editoriales Universitarias
de América Latina y el Caribe

Associação Brasileira de
Editoras Universitárias

APRESENTAÇÃO DA COLEÇÃO

O século XIX foi o século das revoluções liberais; o XX, o das revoluções socialistas. Que nos reservará o século XXI? Há quem diga que a era das revoluções está encerrada, que o mito da Revolução que governou a vida dos homens desde o século XVIII já não serve como guia no presente. Até mesmo entre pessoas de esquerda, que têm sido através do tempo os defensores das ideias revolucionárias, ouve-se dizer que os movimentos sociais vieram substituir as revoluções. Diante do monopólio da violência pelos governos e do custo crescente dos armamentos bélicos, parece a muitos ser quase impossível repetir os feitos da era das barricadas.

Por toda parte, no entanto, de Seattle a Porto Alegre ou Mumbai, há sinais de que hoje, como no passado, há jovens que não estão dispostos a aceitar o mundo tal como se configura em nossos dias. Mas quaisquer que sejam as formas de lutas escolhidas, é preciso conhecer as experiências revolucionárias do passado. Como se tem dito e repetido, quem não aprende com os erros do passado está fadado a repeti-los. Existe, contudo, entre as gerações mais jovens, uma profunda ignorância desses acontecimentos tão fundamentais para a compreensão do passado e a construção do futuro. Foi com essa ideia em mente que a Editora UNESP decidiu publicar esta coleção. Esperamos que os livros venham a servir de leitura complementar aos estudantes da escola média, universitários e ao público em geral.

Os autores foram recrutados entre historiadores, cientistas sociais e jornalistas, norte-americanos e brasileiros, de posições políticas diversas, cobrindo um espectro que vai do centro até a esquerda. Essa variedade de posições foi conscientemente buscada. O que perdemos, talvez, em consistência, esperamos ganhar na diversidade de interpretações que convidam à reflexão e ao diálogo.

Para entender as revoluções no século XX, é preciso colocá-las no contexto dos movimentos revolucionários que se desencadearam a partir da segunda metade do século XVIII, resultando na destruição final do Antigo Sistema Colonial e do Antigo Regime. Apesar das profundas diferenças, as revoluções posteriores procuraram levar a cabo um projeto de democracia que se perdeu nas abstrações e contradições da Revolução de 1789, e que se tornou o centro das lutas do povo a partir de então. De fato, o século XIX assistiu a uma sucessão de revoluções inspiradas na luta pela independência das colônias inglesas na América e na Revolução Francesa.

Em 4 de julho de 1776, as treze colônias que vieram inicialmente a constituir os Estados Unidos da América declaravam sua independência e justificavam a ruptura do Pacto Colonial. Em palavras candentes e profundamente subversivas para a época, afirmavam a igualdade dos homens e apregoavam como seus direitos inalienáveis: o direito à vida, à liberdade e à busca da felicidade. Afirmavam que o poder dos governantes, aos quais cabia a defesa daqueles direitos, derivava dos governados. Portanto, cabia a estes derrubar o governante quando ele deixasse de cumprir sua função de defensor dos direitos e resvalasse para o despotismo.

Esses conceitos revolucionários que ecoavam o Iluminismo foram retomados com maior vigor e amplitude treze anos mais tarde, em 1789, na França. Se a Declaração de Independência das colônias americanas ameaçava o sistema colonial, a Revolução Francesa viria pôr em questão todo o Antigo Regime, a ordem social que o amparava, os privilégios da aristocracia, o sistema de monopólios, o absolutismo real, o poder divino dos reis.

Não por acaso, a Declaração dos Direitos do Homem e do Cidadão, aprovada pela Assembleia Nacional da França, foi redigida pelo marquês de La Fayette, francês que participara das lutas pela independência das colônias americanas. Este contara com a colaboração de Thomas Jefferson, que se encontrava na

França, na ocasião como enviado do governo americano. A Declaração afirmava a igualdade dos homens perante a lei. Definia como seus direitos inalienáveis a liberdade, a propriedade, a segurança e a resistência à opressão, sendo a preservação desses direitos o objetivo de toda associação política. Estabelecia que ninguém poderia ser privado de sua propriedade, exceto em casos de evidente necessidade pública legalmente comprovada, e desde que fosse prévia e justamente indenizado. Afirmava ainda a soberania da nação e a supremacia da lei. Esta era definida como expressão da vontade geral e deveria ser igual para todos. Garantia a liberdade de expressão, de ideias e de religião, ficando o indivíduo responsável pelos abusos dessa liberdade, de acordo com a lei. Estabelecia um imposto aplicável a todos, proporcionalmente aos meios de cada um. Conferia aos cidadãos o direito de, pessoalmente ou por intermédio de seus representantes, participar na elaboração dos orçamentos, ficando os agentes públicos obrigados a prestar contas de sua administração. Afirmava ainda a separação dos poderes.

Essas declarações, que definem bem a extensão e os limites do pensamento liberal, reverberaram em várias partes da Europa e da América, derrubando regimes monárquicos absolutistas, implantando sistemas liberal-democráticos de vários matizes, estabelecendo a igualdade de todos perante a lei, adotando a divisão dos poderes (legislativo, executivo e judiciário), forjando nacionalidades e contribuindo para a emancipação dos escravos e a independência das colônias latino-americanas.

O desenvolvimento da indústria e do comércio, a revolução nos meios de transportes, os progressos tecnológicos, o processo de urbanização, a formação de uma nova classe social – o proletariado – e a expansão imperialista dos países europeus na África e na Ásia geravam deslocamentos, conflitos sociais e guerras em várias partes do mundo. Por toda a parte, os grupos excluídos defrontavam-se com novas oligarquias que não atendiam às suas necessidades e não respondiam aos seus anseios. Estes extravasavam em lutas visando tornar mais efetiva a promessa democrática que a acumulação de riquezas e poder nas mãos de alguns, em detrimento da grande maioria, demonstrara ser cada vez mais fictícia.

A igualdade jurídica não encontrava correspondência na prática; a liberdade sem a igualdade transformava-se em mito; os governos representativos representavam apenas uma minoria, pois a grande maioria do povo não tinha representação de fato. Um após outro, os ideais presentes na Declaração dos Direitos do Homem foram revelando seu caráter ilusório. A resposta não se fez tardar.

Ideias socialistas, anarquistas, sindicalistas, comunistas, ou simplesmente reformistas apareceram como críticas ao mundo criado pelo capitalismo e pela liberal-democracia. As primeiras denúncias ao novo sistema surgiram contemporaneamente à Revolução Francesa. Nessa época, as críticas ficaram restritas a uns poucos revolucionários mais radicais, como Gracchus Babeuf. No decorrer da primeira metade do século XIX, condenações da ordem social e política criada a partir da Restauração dos Bourbon na França fizeram-se ouvir nas obras dos chamados socialistas utópicos, como Charles Fourier (1772-1837), o conde de Saint-Simon (1760-1825), Pierre Joseph Proudhon (1809-1865), o abade Lamennais (1782-1854), Étienne Cabet (1788-1856), Louis Blanc (1812-1882), entre outros. Na Inglaterra, Karl Marx (1818-1883) e seu companheiro Friedrich Engels (1820-1895) lançavam-se na crítica sistemática ao capitalismo e à democracia burguesa, e viam na luta de classes o motor da história e, no proletariado, a força capaz de promover a revolução social. Em 1848, vinha à luz o *Manifesto comunista*, conclamando os proletários do mundo a se unirem.

Em 1864, criava-se a Primeira Internacional dos Trabalhadores. Três anos mais tarde, Marx publicava o primeiro volume de *O capital*. Enquanto isso, sindicalistas, reformistas e cooperativistas de toda espécie, como Robert Owen, tentavam humanizar o capitalismo. Na França, o contingente de radicais aumentara bastante, e propostas radicais começaram a mobilizar um maior número de pessoas entre as populações urbanas. Os socialistas, derrotados em 1848, vieram a assumir a liderança por um breve período na Comuna de Paris, em 1871, quando foram novamente vencidos. Apesar de suas derrotas e múltiplas divergências entre os militantes, o socialismo foi ganhando adeptos em várias partes do mundo. Em 1873, dissolvia-se a Primeira Internacional. Marx veio a falecer dez anos mais tarde, mas sua obra continuou a exercer poderosa influência. O segundo volume de *O capital* saiu em 1885, dois anos após sua morte, e o terceiro, em 1894. Uma nova Internacional foi fundada em 1889. O movimento em favor de uma mudança radical ganhava um número cada vez maior de participantes, em várias partes do mundo, culminando na Revolução Russa de 1917, que deu início a uma nova era.

No início do século XX, o ciclo das revoluções liberais parecia definitivamente encerrado. O processo revolucionário, agora sob inspiração de socialistas e comunistas, transcendia as fronteiras da Europa e da América para assumir caráter mais universal. Na África, na Ásia, na Europa e na América, o caminho seguido pela União Soviética alarmou alguns e serviu de inspiração a outros, provocando debates e confrontos internos e externos que marcaram a história do século XX, envolvendo a todos. A Revolução Chinesa, em 1949, e a Cubana, dez anos mais tarde, ampliaram o bloco socialista e forneceram novos modelos para revolucionários em várias partes do mundo.

Desde então, milhares de pessoas pereceram nos conflitos entre o mundo capitalista e o mundo socialista. Em ambos os lados, a historiografia foi profundamente afetada pelas paixões políticas, suscitadas pela guerra fria, e deturpada pela propaganda. Agora, com o fim da guerra fria, o desaparecimento da União Soviética e a participação da China em instituições até recentemente controladas pelos países capitalistas, talvez seja possível dar início a uma reavaliação mais serena desses acontecimentos.

Esperamos que a leitura dos livros desta coleção seja, para os leitores, o primeiro passo numa longa caminhada em busca de um futuro, em que liberdade e igualdade sejam compatíveis e a democracia seja a sua expressão.

Emília Viotti da Costa

Sumário

Introdução
A Guatemala na vanguarda da guerra fria *15*

1. A Revolução de Outubro *21*

2. A contrarrevolução de junho *39*

3. A contrainsurgência desenfreada *59*

4. A revolução no campo:
a ascensão de uma nova esquerda *77*

Conclusão
Genocídio, contrarrevolução e democracia *101*

Bibliografia *127*

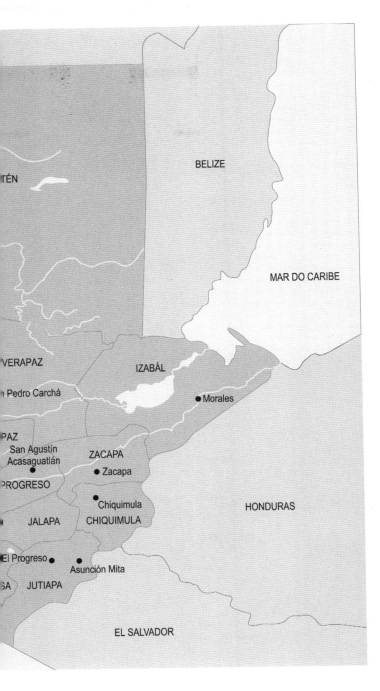

Introdução

A Guatemala na vanguarda da guerra fria

Até mais do que Cuba, a Guatemala serviu de palco à guerra fria no continente. Em outubro de 1944, uma revolução deflagrada a partir de protestos urbanos pôs fim a uma das mais prolongadas e repressivas ditaduras da América, inaugurando uma década de mudanças sem precedentes, inclusive uma ambiciosa reforma agrária. Fortalecida pela iminente vitória dos aliados na Segunda Guerra Mundial, a Revolução de Outubro, como o governo recém-implantado não tardou a ser chamado, foi uma das estrelas mais rutilantes no vasto – posto que frágil – firmamento democrático que se plasmou em toda a América Latina entre 1944 e 1946.

Em 1944, somente cinco países latino-americanos – México, Uruguai, Chile, Costa Rica e Colômbia – mereciam ser chamados de democracia. Em 1946, apenas cinco não eram dignos desse nome: Paraguai, El Salvador, Honduras, Nicarágua e República Dominicana.[1] Os ditadores foram depostos em todo o continente e os governos legalizaram o sufrágio e os sindicatos. Em graus variáveis de país para país, a urbanização, a industrialização e o crescimento demográfico criaram uma classe média emergente e um operariado urbano que se uniram a estudantes, intelectuais e, em alguns casos, a um campesinato militante. Tais coligações geraram tanto a demanda de uma reestruturação democrática quanto a força social necessária para implementá-la. Depois da guerra, os sindicatos revitalizados no México, no Brasil, no Peru, na Guatemala, na Colômbia, na Argentina e no Chile promoveram ondas grevistas de beligerância inaudita. Em alguns países, impelidos por essa mobilização crescente, chegaram

[1] A descrição da abertura democrática na América Latina do pós-guerra deve muito a Bethell & Roxborough (1992a, 1994).

ao poder partidos populistas reformistas – muitos deles organizados na década de 1920. Os elementos mais democráticos do liberalismo, que a partir do meado do século XIX atuavam sobretudo para justificar o domínio da elite e a modernização econômica, avançaram, agora estimulados não pelas elites políticas urbanas, mas pelos movimentos de massa.[2]

Sem embargo, o regime político e econômico internacional, que emergiu logo depois da Segunda Guerra Mundial, reduziu substancialmente a expectativa de vida das democracias do pós-guerra. O mundo se dividiu em campos adversários representados pelos Estados Unidos e pela União Soviética, e a América Latina ficou notoriamente submetida à influência daqueles. À medida que se moldava essa ordem global mediante a criação da Organização das Nações Unidas, uma série de acordos militares, culturais, políticos e econômicos, assim como a criação da Organização dos Estados Americanos, uniu as Américas, criando um "hemisfério fechado" em um mundo cada vez mais aberto e interdependente (Green, 1971, p.291).

Ávidas por atrair investimentos externos, as elites nacionais, muitas delas comprometidas com as reformas, ofereceram pouca resistência ou oposição às duas metas da política externa de guerra fria dos Estados Unidos: conter a propagação do comunismo e, além de promover o avanço do capitalismo, assegurar o domínio norte-americano sobre esse sistema. O biênio 1947-1948 foi desfavorável à democracia global. A criação da Agência Central de Inteligência, a Doutrina Truman, a institucionalização do *apartheid*, a divisão da Índia colonial, o esclerosamento ideológico da União Soviética, o golpe comunista na Checoslováquia e a traição de Stalin aos *partisans* na Guerra Civil Grega são apenas alguns dos presságios que esmoreceram as esperanças criadas pela derrota do fascismo. Nos Estados Unidos, a aprovação da Lei Taft-Hartley e do National Security Act, juntamente com a rejeição do vice-presidente progressista de Franklin

---

[2] James (1988) oferece um estudo extraordinário da socialização dos direitos liberais na Argentina, e Costa (1985) apresenta uma análise clássica das interpretações contraditórias do liberalismo brasileiro e suas consequências.

Delano Roosevelt, Henry Wallace, pelo Partido Democrata, assinalaram o retrocesso do *New Deal*. Não admira que o socialista Michael Harrington tenha dito que 1948 foi "o último ano da década de 1930" (Bethell & Roxbourough, 1992b, p.332). Os acontecimentos não se mostraram menos funestos na América Latina, já que 1947 marcou o início de uma reação em âmbito continental. No Peru e na Venezuela, os governos eleitos foram depostos por golpes militares. Os países que conservaram as instituições democráticas guinaram abruptamente para a direita. No Chile, em 1947, o presidente Gabriel González Videla deflagrou um ataque violento contra os mineiros de carvão em greve e seus antigos aliados comunistas, destruindo uma coligação de frente popular que elegera três presidentes desde 1938. Os partidos reformistas perderam o dinamismo, enquanto os governos passavam a intervir nas paralisações trabalhistas, a aprovar leis que restringiam o direito de greve e a pôr na ilegalidade ou a reprimir os partidos comunistas. Os sindicatos expulsaram os militantes de suas fileiras, ao passo que as confederações operárias se cindiram ou se sujeitaram ao controle governamental. Em 1954, a maioria dos países latino-americanos era novamente governada por ditadores.

Embora tenha assumido formas específicas em cada nação, a coalizão contrarrevolucionária emergente geralmente era patrocinada pela classe dos proprietários rurais, pelos militares, pela hierarquia eclesiástica e por capitalistas manufatureiros e industriais que, anteriormente, podiam ter favorecido a reforma, mas agora aspiravam à estabilidade a fim de atrair o investimento externo.[3] Democracia e desenvolvimento, promessas que até poucos anos antes pareciam indissoluvelmente ligadas, tornaram-se quase incompatíveis. Para criar um clima estável de investimento e na falta de um Plano Marshall latino-americano, os governos locais reprimiram as agitações dos trabalhadores e outras formas de mobilização popular que, em muitos países,

---

[3] Loveman & Davis (1989) descrevem os militares latino-americanos colocando-se acima da política e apresentando-se como um baluarte contra o pluralismo divisivo.

haviam se intensificado a partir do fim da Segunda Guerra Mundial. Simultaneamente, as estreitas relações políticas e militares com os Estados Unidos aumentaram continuadamente a capacidade repressiva das forças de segurança latino-americanas. Mesmo antes da criação da CIA em 1947, o FBI começou a relaxar a vigilância dos grupos nazifascistas, do período da guerra, transferindo-a para os partidos comunistas, numa brusca ruptura da aliança dos Estados Unidos com a esquerda contra a direita na América Latina. O que era conveniente em 1944 tornou-se inaceitável em 1947. As embaixadas norte-americanas puseram-se a pressionar os governos para que proscrevessem os partidos comunistas, os quais, não obstante seu autoritarismo interno, geralmente eram os mais veementes advogados da liberalização política. Os interesses locais se aproveitaram dessa mudança de maré para desencadear uma reação que almejava restaurar não só sua autoridade econômica, mas também as culturas de submissão por eles controladas. Não se pode superestimar a importância da interseção entre interesses nacionais e internacionais no refreamento da democracia latino-americana. Na Guatemala, por exemplo, um dos motivos pelos quais a Revolução de Outubro resistiu, nos primeiros anos, aos contra-ataques da oposição conservadora foi o fato de o Partido Comunista, fundado somente em 1949, não ter servido de bode expiatório para unir a oposição local à estrangeira.

Portanto, a Revolução de Outubro é duplamente importante. Além de engendrar uma das democracias mais inspiradoras do pós-guerra, teve, em 1954, a triste distinção de sofrer a primeira intervenção norte-americana na América Latina durante a guerra fria, uma operação ambiciosa que se valeu não só do tradicional poder militar, econômico e diplomático dos Estados Unidos para depor Jacobo Arbenz, um presidente eleito democraticamente, como de técnicas inovadoras tomadas de empréstimo à psicologia de massa, à mídia e à publicidade. Todavia, em forte contraste com o rápido sucesso dessa operação, não foi tão fácil remover o rescaldo da Revolução de Outubro. As esperanças abortadas e as reformas frustradas geraram uma perspectiva social democrática que inspirou sucessivas gerações de ativistas e revolucionários. A elas, porém, opuseram-se as agora robustecidas forças de segurança e inteligência da Guatemala. De 1954 em diante, todas as ações políticas – a favor ou contra o *status quo* – foram demarcadas conforme as prioridades da guerra fria. A política fugiu rapidamente ao controle à medida que o esforço para restabelecer o governo democrático deu lugar a uma guerra civil de quatro décadas entre os rebeldes de esquerda e o Exército.

A deposição de Arbenz foi um passo decisivo rumo à radicalização da política continental, assinalando a destruição de uma das últimas – e, sem dúvida, a mais influente – democracias instituídas no ciclo reformista de 1944-1946. Isso confirmou a suspeita crescente, entre muitos democratas e nacionalistas, de que os Estados Unidos eram menos um modelo a ser imitado do que um perigo a ser temido e levou a táticas mais militantes nos dois lados separados pela guerra fria. Che Guevara, que presenciou a destruição da Revolução de Outubro, desafiava reiteradamente os Estados Unidos em seus discursos, afirmando que "Cuba não será uma Guatemala". Aqueles, por sua vez, tentariam repetir a operação de 1954, sete anos mais tarde, com a desastrosa invasão da Baía dos Porcos. Durante as três décadas subsequentes, os Estados Unidos continuaram suprindo as forças de segurança guatemaltecas de equipamento, treinamento e financiamento, mesmo quando a repressão se tornou feroz. As práticas ensaiadas na Guatemala – como as operações secretas de desestabilização e os esquadrões da morte dirigidos por agências de inteligência profissionalizadas – propagaram-se por toda a região nas décadas subsequentes. Por mais que lamentasse o Vietnã como um fracasso, Washington seguiu considerando a Guatemala um sucesso. Na década de 1980, a escalada final do conflito entre as superpotências transformou o país, assim como a Nicarágua e El Salvador, num dos últimos campos de extermínio da guerra fria.

A importância da deposição de Arbenz, em 1954, acentua-se quando comparada com um fato ocorrido no mesmo ano do outro lado do planeta. Em maio daquele ano, a derrota imposta à França pelos vietnamitas, em Dien Bien Phu, assinalou a entrada dos Estados Unidos no conflito que, no início da década de 1970, restringiria o alcance imperial de Washington. Um mês depois, o país empreendeu sua primeira grande intervenção da guerra fria na América Latina. No curso dessa guerra, a história do Sudeste Asiático e a da América Latina refletir-se-iam mutuamente, como gêmeos separados ao nascer, que vivem vidas violentamente diferentes, mas acabam tendo o mesmo trágico destino. O governo Kennedy discutiu a escalada no Vietnã à sombra da Revolução Cubana de 1959 e da crise que se seguiu. Os consultores da CIA – encarregados de treinar a polícia e as forças armadas frequentemente ligadas aos esquadrões da morte – percorreram países como Guatemala, Venezuela, Bolívia, Tailândia, Laos, Indonésia e Vietnã do Sul. E os militares latino-americanos imitaram os massacres, a política de terra arrasada e os programas de aldeias estratégicas empregados contra o vietcongue.

Mas, à diferença da intervenção direta no Sudeste Asiático, Washington continuou delegando o trabalho administrativo em seu próprio hemisfério. Por vezes, os Estados Unidos ameaçaram abandonar essa estratégia. Quase invadiram Cuba em 1962 e chegaram a despachar *marines* para a República Dominicana, em 1965, a fim de impedir que uma crise separatista produzisse um novo Fidel Castro. Mas, na maior parte das vezes, os agentes norte-americanos ficavam escondidos, deixando que seus representantes latino-americanos continuassem a administrar o hemisfério. No lugar da devastação diretamente infligida ao Laos, ao Camboja e ao Vietnã, Kennedy e seus sucessores optaram pela estratégia de fortalecer as forças policiais e militares latino-americanas, no esforço para conter as ameaças insurgentes reais e imaginárias. A partir do início da década de 1960, esses militares, geralmente com o consentimento tácito ou a assistência direta dos Estados Unidos, destituíram os regimes reformistas – por exemplo, no Brasil em 1964, no Chile em 1973 –, impondo os governos militares das décadas de 1970 e 1980. Mas foi na América Central, na esteira da derrota no Vietnã, que a estratégia sucedânea de Washington chegou à sua expressão mais horrenda.

1. A Revolução de Outubro

É difícil avaliar a importância quase mítica que têm os "dez anos de primavera" (1944-1954) para a política e a identidade guatemaltecas na atualidade. Em 1944, um movimento liderado por estudantes, professores, militares reformistas e a classe média emergente alijou Jorge Ubico do poder, assim como o seu pretenso sucessor Federico Ponce.[1] Durante uma década, governados por dois presidentes eleitos democraticamente – Juan José Arévalo (1945-1950) e Jacobo Arbenz Guzmán (1951-1954) –, os guatemaltecos gozaram de liberdade e esperança inéditas. Os socialistas liberais e radicais implementaram uma série incrivelmente ambiciosa de reformas políticas e econômicas destinadas a tornar a Guatemala um país inclusivo e moderno.

Fortalecidas por uma classe média empenhada em levar a cabo as promessas de democracia e desenvolvimento, três linhas superpostas de pensamento político se uniram, no meado do século, para promover a convicção de que um Estado intervencionista podia transformar a Guatemala em uma nação democrática moderna.

Em primeiro lugar, a antiga tradição indigenista do país se havia radicalizado na metade do século. Tal como no México, intelectuais ladinos – guatemaltecos não considerados maias, que se vestiam à ocidental e falavam espanhol –, como David Vela e Miguel Ángel Asturias, passaram a dar ênfase aos motivos sociais e estruturais do fracasso da assimilação dos indígenas à vida nacional.[2] Ao fim da Segunda Guerra Mundial, a Guatemala

---

[1] Para os melhores trabalhos sobre a Revolução de Outubro, ver Gleijeses (1991, p.8-29), Handy (1994), Foster (2001, p.12-34), Aragón (1995) e Aragón (1956).

[2] Ver Asturias (1971), no qual o autor argumenta em favor da miscigenação. Em El senõr presidente (1959), embora continue descrevendo os indígenas como

era uma das sociedades mais racistas da América Latina. Depois de quase um século de agricultura cafeeira, a população maia, majoritária, viu-se reduzida à condição de proletariado sazonal dos latifúndios, excluída da vida política e cultural e sujeita a uma série de mecanismos de trabalho forçado, como a servidão por dívida e as leis de vadiagem. Morava em aldeias do altiplano, à mercê da crescente escassez de terra, e migrava para trabalhar nas plantações de café, depois de algodão e açúcar, no piemonte e nas planícies litorâneos. Os indígenas praticamente não tinham acesso à educação e à assistência médica e, em geral, eram analfabetos. A maioria das mulheres maias não falava espanhol, ao passo que os homens não conheciam senão rudimentos do idioma. A riqueza estava concentrada – quase sempre na forma de grandes propriedades rurais – nas mãos de uma pequena oligarquia branca, e o poder político era exercido pelos ladinos. A crítica a esse sistema social explorador – e ao tratamento dispensado aos indígenas pelos latifundiários nacionais e estrangeiros – passou a ser um tema predominante na literatura indigenista. Os reformistas preconizavam o aumento da intervenção estatal (por exemplo, a fundação do Instituto Indigenista Nacional, calcado no Instituto Nacional Indigenista mexicano) com o objetivo de proteger e assimilar o indígena. Estimulada pelo reconhecido sucesso do agrarianismo mexicano, a reforma agrária tornou-se o ponto central desse programa.

Em segundo lugar, as reformas refletiam a convicção dos economistas desenvolvimentistas da metade do século, muitos deles filiados à Comissão Econômica para a América Latina da ONU (Cepal), segundo a qual a modernização econômica e política poderia ser conseguida por um Estado forte e ativista. As reformas agrária e trabalhista, que limitariam o poder da burguesia "feudal", tornando obrigatório o investimento nas rela-

---

vítimas anônimas manietadas por suas próprias patologias psicológicas, Asturias traz o debate sobre o "problema indígena" para a esfera da política nacional examinando o impacto de décadas de corrupção e ditadura. Em sua famosa "trilogia da banana" (Viento fuerte (1950), El papa verde (1954), Los ojos de los enterrados (1960)), ele desloca a discussão para o domínio econômico.

ções produtivas e criando um mercado interno de bens produzidos localmente, seriam fundamentais para esse objetivo. Por fim, os comunistas e os socialistas radicais, que tiveram um papel importantíssimo no governo de Arbenz, sustentavam que as reformas eram necessárias para completar a transição rumo à modernização capitalista, uma posição característica dos partidos comunistas latino-americanos da época.[3]

DA DITADURA À DEMOCRACIA

Nos treze anos de governo de Jorge Ubico (1931 a 1944), o Estado tratou de estender cada vez mais sua soberania à vida pessoal e social dos cidadãos. A maioria dos historiadores descreve o governo de Ubico como uma franca ditadura. Seu governo se apoiava em uma extensa rede de espiões, no uso regular da tortura, em prisões arbitrárias e execuções públicas. Ele ampliou o Exército e a burocracia governamental, militarizou a educação pública e impôs rigorosamente diversas leis de vadiagem destinadas a garantir mão de obra barata, muitas vezes gratuita, para os latifúndios e as obras públicas.

Com muita frequência, apresenta-se a Revolução de Outubro de 1944 como uma reação a esse sistema repressivo, no entanto, até certo ponto, o que gerou a revolta foi justamente o estigma perverso de liberalismo do ditador. O longo governo de Ubico colocou duas conhecidas concepções de Estado em oposição direta. Por um lado, muitos camponeses, na maioria indígenas, não viam senão a natureza rapace do Estado, que existia para arrecadar cada vez mais impostos e taxas e para impor vínculos de opressão ao trabalho. Por outro, por causa da influência dos ideais de justiça e igualdade que, pontuados pelas revoluções russa e mexicana, tinham alcançado um novo ápice na década de 1920, muitos líderes camponeses, sindicalistas e reformistas da classe média passaram a agir como se o Estado fosse potencialmente libertador, o único meio viável de contra-arrestar a impunidade dos fazendeiros. A ideia de que o

---

[3] Foram os ativistas e intelectuais do PGT que elaboraram a legislação e tiveram um papel decisivo em sua implementação. Ver Porras (1992).

governo tinha a função de estabelecer a ordem e a justiça na vida cotidiana calava fundo na sociedade guatemalteca, fundindo concepções coloniais de bem comum com o nascente nacionalismo liberal.

A sociedade governada por Ubico produziu uma geração de políticos, muitos deles educados em suas escolas e treinados em seu Exército, que esperava que o governo ministrasse justiça. As lideranças dessa geração encontravam-se não só na cidade da Guatemala, onde comandariam as primeiras arremetidas da Revolução de Outubro, como também nas regiões mais remotas do país, nas quais os ativistas tardariam mais a realizar algumas promessas da revolução. A brutalidade repressiva de Ubico não só não conseguiu eliminar as expectativas de um Estado promotor da justiça, como a inserção de seu governo em todos os aspectos da vida social originou, inevitavelmente, tais esperanças. Nesse sentido, a Revolução de Outubro, principalmente levando-se em conta a cautela das primeiras reformas, foi menos uma ruptura com o Estado de Ubico do que o cumprimento de sua promessa de intervir e abater o poder privado dos latifundiários locais.

Consideremos o Código do Trabalho da Guatemala, de 1947. Mesmo oferecendo proteção plena somente aos empreendimentos em grande escala, não deixou de ser um divisor de águas na história republicana do país. Garantiu o direito sindical e de greve (posto que também o restringisse), protegeu contra as demissões arbitrárias, impôs a semana de 48 horas, regulamentou o trabalho infantil e das mulheres e fixou normas de salubridade e segurança no local de trabalho. Mais importante ainda: pela primeira vez, o Estado passou a oferecer um canal de reparação das injustiças trabalhistas que não dependia do paternalismo do Executivo nem dos funcionários públicos locais. O herdeiro de um grande cafeicultor disse: "Se meu avô ressuscitasse hoje e eu lhe mostrasse o Código do Trabalho, ele tornaria a morrer de susto".

Uma avalanche de indagações e queixas se abateu sobre o recém-criado Ministério do Trabalho, buscando definir os direitos dos trabalhadores e os limites da intervenção estatal nas relações de trabalho. A Robert H. Hay Co., que explorava petróleo na selva de Petén, queria saber se era obrigada a fornecer alimento aos empregados migrantes. As câmaras municipais perguntavam se os alcaides auxiliares, nas fazendas, deviam ser pagos pela municipalidade ou pelos proprietários. O sindicato da Compañía Agrícola de Guatemala pediu esclarecimento sobre diversos pontos referentes às horas extras: como remunerar o trabalho aos domingos? O empregado que se recusar a trabalhar no domingo pode ser demitido? Qual era a diferença legal entre falta e ausência por motivo de doença? Um fazendeiro indagou se podia deduzir os honorários médicos do meio salário pago ao trabalhador doente. "Quando chove e se interrompe o trabalho, nós temos de pagar a diária integral?", perguntou outro. "A jornada de oito horas inclui o almoço?" Muitas questões se referiam ao direito dos colonos sobre sua produção de subsistência: os proprietários desejavam saber se os *mozos* que deixassem o emprego para trabalhar em outra fazenda perdiam o direito de colher seu milho ("Não!", exclamou um funcionário do ministério à margem de uma carta desse teor). Outros *finqueros* perguntavam quantos dias deviam ceder aos colonos para o plantio, a manutenção e a colheita das culturas de subsistência.

A maior parte dos estudos do movimento trabalhista da Guatemala, durante a Revolução de Outubro, concentra-se nos grandes sindicatos rurais, industriais e profissionais – os empregados da United Fruit Company, os ferroviários e os servidores públicos. No entanto, os empregados dos segmentos menores e economicamente irrelevantes também trataram de se beneficiar do código.[4] Os lenhadores e *chicleros* de Petén, as enfermeiras dos hospitais pediátricos, os taxistas e os motoristas de ônibus, os salineiros, os empregados das pequenas oficinas artesanais e até os barqueiros dos lagos Izabál e Atitlán fundaram sindicatos. O trabalho marginal de muitas dessas associações contrastava com a ambição de suas palavras de ordem: "Pela

---

[4] Taracena Arriola (1982) descreve o início do movimento operário guatemalteco.

libertação econômica e a justiça social na Guatemala", proclamava o cartaz de um sindicato de confeiteiros. Em 1944, quase não havia sindicatos. Em 1954, nada menos que trezentos mil trabalhadores estavam inscritos nos cerca de dois mil sindicatos rurais e urbanos: constituindo mais de 60% do conjunto do eleitorado em 1950, o sindicalismo organizado passou a deter, subitamente, um poder político decisivo.

Nos quatro meses que se seguiram à adoção do Código, o Ministério do Trabalho interveio em 281 conflitos. Muitos deles não passavam de pequenas demandas. Em Santa Cruz de Quiché, localidade distante das zonas agroindustriais do país, a empregada doméstica Justa Pú, de onze anos, largou o emprego de dois centavos por dia por ter sido maltratada pela patroa Josefa Tamúp. Esta lhe devia um mês de salário, e o pai da menina escreveu ao ministério, solicitando ajuda para receber a diferença. Em 1948, os funcionários do armazém de secos e molhados Tienda La Chichicasteca – também situado no interior – queixaram-se porque o patrão não lhes havia dado férias, não os incluíra no programa de seguridade social nem tinha equipado a loja com um *kit* de primeiros socorros. E, em 1951, a viúva Raymunda Rivas convenceu o ministério a obrigar o patrão de seu finado marido a arcar com as despesas do funeral. Esses pequenos sindicatos e conflitos insignificantes não tiveram grande impacto sobre a economia e o desenvolvimento. O Ministério do Trabalho rejeitava a maior parte de tais disputas, alegando que estavam fora de seu alcance legal ou prático. No entanto, elas revelam até que ponto iam as expectativas de uma justiça mediada pelo Estado, as quais se estendiam a alguns dos cidadãos mais vulneráveis do país.

O Código do Trabalho da Guatemala era fundamentalmente moderado – até mesmo a embaixada dos Estados Unidos reconhecia que era justo e adequadamente reformista. Por garantir os benefícios e as proteções mais importantes aos operários industriais ou aos empregados permanentes dos grandes latifúndios, impedia, para o desalento dos democratas mais radicais, possíveis alianças entre operários e camponeses. Do mesmo modo, a debilidade do Ministério do Trabalho contribuía para a diluição dos efeitos da legislação. Carente de pessoal e verbas, concentrava sua vigilância na cidade da Guatemala e nos latifúndios do litoral sul e atlântico. Alta Verapaz, com fazendas sem estradas, cujo acesso demandava dias a cavalo ou de canoa, ficou praticamente esquecida. A hostilidade e o poder dos latifundiários, que, na maior parte dos casos, seguiam controlando os governos municipais, reforçaram esse isolamento. Como observou Arbenz num discurso de campanha em 1950, Alta Verapaz era o exemplo mais extremo do poder da oligarquia rural. Mas esse poder era extremo em grau, não em espécie. Apesar dos oito anos de legislação reformista, em toda a Guatemala, os grandes fazendeiros conseguiram manter forte controle sobre os trabalhadores rurais. Só em 17 de junho de 1952, com a aprovação pelo Congresso do Decreto 900, da Reforma Agrária, essa autoridade foi fundamentalmente abalada.

O Partido Comunista

Até recentemente, os estudiosos que buscavam responder por que os Estados Unidos intervieram na Guatemala em 1954 concentraram-se na ameaça que a reforma agrária representou para os interesses econômicos norte-americanos, particularmente para a United Fruit Company. Ulteriormente, porém, os historiadores passaram a enfatizar a influência crescente do Partido Guatemalteco do Trabalho (PGT) – o partido comunista – sobre a sociedade guatemalteca e sobre Jacobo Arbenz, o sóbrio e pacato coronel do Exército escolhido pela coligação revolucionária para suceder Arévalo. Conquanto não cessasse de se queixar primeiro da legislação trabalhista, depois da reforma agrária, a United Fruit não teve senão um papel periférico na decisão de Eisenhower de combater Arbenz. Segundo essa perspectiva, os Estados Unidos nem desprezavam o tipo de nacionalismo terceiro-mundista incorporado pelo presidente guatemalteco, receando uma distribuição mais democrática do poder político, nem se mobilizaram em defesa de interesses econômicos privados. Foi mais o anticomunismo da guerra fria, assim como uma avaliação precisa da força do Partido Guatemalteco do Trabalho, que mobilizou os agentes norte-americanos. Mas, em última instância, esse debate é duvidoso e serve para dissimular o fato de que não se pode separar o anticomunismo da guerra fria da economia política da guerra fria. As interpretações inclinadas a enfatizar a cultura política da guerra fria, em oposição aos relatos menos otimistas da motivação dos Estados Unidos, geralmente omitem um ponto-chave: sem o PGT, não teria havido uma expansão significativa da democracia na Guatemala.

O primeiro partido comunista do país, formado em 1922, foi aniquilado por Ubico dez anos depois. Em 1949, liderados por José Manuel Fortuny, jovens professores e estudantes da classe média, a maioria dos quais havia atuado no Partido de Ação Revolucionária (PAR, a organização revolucionária mais agressivamente reformista), reuniram-se clandestinamente para criar aquele que ficaria conhecido como o Partido Guatemalteco do Trabalho (Arévalo reprimira uma tentativa anterior de organização de um partido comunista). Segundo os autores anticomunistas e os funcionários norte-americanos, Arbenz e os jovens que organizaram o PGT eram a melhor coisa que a Revolução de Outubro tinha a oferecer. A CIA considerava o presidente "inteligente" e "culto". Um adversário do PGT reconheceu que Victor Manuel Gutiérrez, o líder comunista da Confederação Nacional do Trabalho, era honesto, humilde e respeitado pelos trabalhadores guatemaltecos. O chefe substituto da embaixada dos Estados Unidos recordou que os políticos não comunistas

> eram um grupo de canalhas de primeira ordem, indolentes, ambiciosos, meros parasitas palacianos atrás de dinheiro. Os capazes de trabalhar, os que tinham senso de orientação, ideias, e sabiam onde queriam chegar, eram Fortuny e seus amigos do PGT: gente muito correta, muito comprometida. Foi essa a tragédia: os únicos que tinham compromisso com o trabalho árduo eram, por definição, os nossos piores inimigos.

Descrições de Arbenz e de outros líderes do PGT relatam métodos respeitosamente democráticos no relacionamento político com os que os apoiavam. Tratava-se de homens que, por opção ou intuição, rejeitavam o caudilhismo paternalista característico do comportamento de muitos políticos guatemaltecos. Tal estilo se evidenciava nos discursos de Arbenz, que fazia questão de tratar o público de marginalizados como seres humanos capazes de tomar decisões próprias. Por exemplo, em 1950, num comício de campanha em Alta Verapaz, ele contou a seus ouvintes *q'eqchi* que o haviam aconselhado a não perder tempo discursando ali, já que todos acabariam votando como lhes fosse mandado, sem saber se estavam escolhendo "o candidato da revolução ou o da reação". E concluiu afirmando que tinha "fé em que vocês retornarão a suas aldeias para dizer que existem homens que não vêm aqui somente para pedir votos, mas porque se preocupam com os seus problemas – quer vocês votem em mim ou não". Semelhantes sentimentos não só eram necessários em um país que padecera décadas de fraude, ditadura e pobreza, como eram praticamente insurgentes numa estrutura política que esperava pouco mais que a manipulação e o oportunismo dos governantes.

Embora o partido crescesse aceleradamente – de menos de cem filiados em 1950 para cinco mil em 1954 – e obtivesse apoio expressivo sempre que apresentava candidatos a eleições locais ou nacionais, sua verdadeira força provinha da aliança fortuita com Arbenz, que o legalizara, e de seu compromisso com a reforma. Mesmo sem nunca ter elegido mais do que quatro deputados no Congresso Nacional, o PGT teve muita influência na elaboração e na aprovação da legislação mais democrática da Revolução de Outubro, principalmente na da reforma agrária. Ainda que não tenha conseguido controlar as confederações sindicais nem exercer altos cargos no governo, geralmente eram os militantes do partido os que mais se empenhavam na realização das reformas da revolução. O ex-ministro do Trabalho Alfonso Bauer Pais conta que os únicos fiscais do trabalho incorruptíveis eram os membros do PGT, os quais, em virtude de sua "disposição para trabalhar diretamente com a população rural, tiveram um papel importantíssimo no avanço da revolução".

Apesar de sua importância, o PGT não era senão parte de um universo democrático mais amplo. Qualquer partido viável se proclamava social-democrata, delineava um ou outro projeto de reforma agrária e se punha a disputar o apoio subitamente decisivo dos sindicatos. Todos os jornais se sentiam à vontade para lançar mão de termos como "proletariado", "senhores feudais" e "reacionários", tinham seções inteiras dedicadas ao campesinato e à classe trabalhadora e apoiavam, pelo menos nominalmente, as metas modernizantes da Revolução de Outubro. Muitos ativistas do interior, tanto em Alta Verapaz como em outras partes, faziam segredo de sua filiação ao PGT quando estavam trabalhando num sindicato ou no PAR. Isso era necessário em virtude do anticomunismo profundo que imperava no campo desde 1917. No entanto, a extrema facilidade com que essa gente passou a transitar entre o PGT e os outros partidos reformistas, a partir de 1954, indica que a "dupla militância", como a denomina Bauer Pais, era menos um artifício estratégico do que um testemunho do papel orgânico do PGT no movimento reformista da Guatemala. E acrescenta, "no tempo de Arbenz e mesmo depois, o PGT era a expressão máxima do nosso elã revolucionário, o qual floresceu a partir das guerras mundiais e do movimento sindical da década de 1920. Eu nunca me filiei, mas tinha boas relações com seus líderes".

O idealismo, que impulsionava os fundadores do PGT, fortaleceu-se com uma visão irresistível de modernismo político e econômico, e foi justamente isso que atraiu Arbenz, o candidato a presidente da República. Fortuny conta que, antes da campanha eleitoral, Arbenz começou a receber os jovens comunistas em casa e a interrogá-los sobre sua plataforma e suas ideias. Fortuny lhe explicou que a América Latina era "semicolonial" e que a principal tarefa era "abolir as relações de produção retrógradas ou heranças do feudalismo e do colonialismo" (Flores, 1994, p.187). A Guatemala reclamava "uma mudança profunda na estrutura agrária" que distribuísse as terras improdutivas aos camponeses, "aumentando sua capacidade de consumo". Fossem quais fossem os limites das estratégias econômicas de substituição de importações, historicamente importante era a coesão e a coerência da visão de desenvolvimento do PGT em comparação com a dos demais partidos políticos guatemaltecos. "Os outros partidos não faziam senão se enredar na fraseologia", diz Fortuny, "falavam em liberdade, justiça e democracia, mas sempre em termos abstratos". Afinal de contas, "essa retórica opaca nada tinha a dizer" a um homem prático como Arbenz, que não demorou a encarregar Fortuny de redigir seus discursos de campanha (ibidem, p.189). Tudo indica que o que atraiu boa parte da elite política guatemalteca foi o caráter pragmático do marxismo, que parecia tornar viável a emancipação social, não seu distante utopismo teórico.

A REFORMA AGRÁRIA

A lei de reforma agrária do PGT, que entrou em vigor em junho de 1952, buscava fazer avançar o capitalismo nacional mediante a extensão da democracia à zona rural. Com a criação de uma estrutura administrativa destinada a debilitar o férreo controle dos latifundiários sobre a vida no campo, a reforma esperava dar condições aos camponeses de exigirem melhores salários nas grandes fazendas. Acreditava-se que uma remuneração melhor não só transformaria os trabalhadores rurais em consumidores da indústria nacional, como obrigaria os fazendeiros, adeptos históricos da mão de obra e da terra baratas e muitas vezes gratuitas, a investir em novas tecnologias e racionalizar a produção a fim de lucrar. A peça principal da visão de modernização democrática do PGT foi a criação dos Comitês Agrários Locais ou CALs, incluídos na lei de reforma agrária por iniciativa do PGT. Este também introduziu na legislação final a controvertida provisão que concedia a terra aos camponeses em caráter de posse vitalícia, não como propriedade privada. Tal medida tinha como objetivo tanto impedi-los de vender as parcelas quanto preparar o terreno para uma futura sociedade coletivista. Como a reforma agrária foi efêmera, a provisão não teve maiores consequências, a não ser a de servir de catalisador do crescente movimento anticomunista, que se dizia favorável a uma reforma agrária fundada na propriedade privada da terra. Contornando as instituições controladas pelos interesses dos latifundiários, como os governos municipais, o Congresso e os tribunais, os CALs subverteram as relações rurais de domínio e submissão. Eles recebiam dos camponeses e dos sindicatos a solicitação inicial de terra, examinavam a documentação, procediam a uma vistoria e encaminhavam sua recomendação ao Comitê Agrário Departamental ou CAD, que determinava a desapropriação. Os fazendeiros, por sua vez, tinham o direito de recorrer das decisões, primeiro perante o Conselho Nacional de Supervisão da Reforma Agrária, depois perante o presidente da República, que a legislação definia como "o árbitro final de todas as disputas". A própria composição dos CALs também alterou o equilíbrio do poder no campo. Eles eram formados por cinco membros, sendo três indicados pelos sindicatos rurais e os dois restantes pela municipalidade e pelo governador do departamento. Muitas vezes, uma pessoa era, ao mesmo tempo, presidente do sindicato e do CAL, de modo que praticamente nada separava as duas instituições. Em outras palavras, com frequência, o líder sindical que solicitava terra era o representante do governo encarregado da apreciação inicial da petição.[5]

A PERSISTÊNCIA DO PODER DOS LATIFUNDIÁRIOS

Apesar da reforma agrária, o poder dos latifundiários persistiu em muitas áreas, graças à aplicação contínua das leis de vadiagem, ao controle sobre as roças de subsistência e a uma aliança com o clero local contra o ímpeto secularista da revolução. Em 1954, Leonardo Castillo Flores, chefe da Federação Nacional Camponesa, queixou-se do material à disposição dos fazendeiros "panfletos, folhetos, programas de rádio e jornais", que disseminavam mentiras sobre a reforma agrária: diziam que os camponeses seriam expulsos do sindicato se recebessem terra,

---

[5] O Comitê Agrário Departamental também era composto por cinco membros apontados, respectivamente, pela associação dos produtores, pelo governador do departamento, pelo Conselho Nacional de Supervisão da Reforma Agrária, pela Federação Nacional do Trabalho e pela Federação Nacional Camponesa.

que deixariam de receber a cesta básica ou material para consertar suas casas caso se sindicalizassem e que o governo lhes tomaria a mulher e os filhos. Castillo Flores também denunciou as tentativas de dividir a população rural pela oferta de melhores salários para os trabalhadores leais e por meio de boatos, segundo os quais as terras distribuídas pelo Decreto 900 seriam invadidas pelos camponeses livres. Do mesmo modo, a rotineira violência física e verbal diluiu a eficácia da democracia política local, desgastando os ativistas com fustigos, pequenos porém constantes. Apesar do estabelecimento de redes de autoridade fora do controle dos grandes proprietários, os tribunais locais e órgãos municipais continuavam detendo um poder considerável. Um ativista recorda que os juízes de seu município reagiam às denúncias de agressões físicas apresentadas pelos trabalhadores maias tratando-os pelo coloquial *vos*, mas empregando o respeitoso don ao se referir aos patrões, a fim de sublinhar a situação subalterna dos *q'eqchi*: "Qué querés? Qué *querés?* Vamos, diga logo. Quem bateu em você?", conta Alfredo Cucul, um organizador dos camponeses maias e membro do PGT em Alta Verapaz. "Então o *don* chegava e o juiz lhe dizia 'esse *mozo* afirma que o senhor bateu nele' e o *don* ria, 'Ah, mas foi ele que me ameaçou com o machete'. 'Vos, você é que é culpado', diziam, e o indígena acabava passando uma semana na cadeia." Para muitos trabalhadores rurais, apoiar a revolução significava, efetivamente, unir-se ao Estado contra os fazendeiros, o que representava um grande risco, pois os benefícios gerados pela lealdade ao patrão geralmente eram mais tangíveis do que as promessas revolucionárias. Os fazendeiros cultivavam a subserviência protegendo os empregados contra os piores abusos do Estado, pagando impostos e taxas, obtendo para eles a dispensa do serviço militar e das obras públicas obrigatórias, defendendo-os na Justiça. Uma avaliação sensata do poder significava levar muito a sério a ameaça comum dos latifundiários, reiterada em diversas versões, mas sempre com o mesmo efeito: "Se você sair do PAR, terá casa e terra. Do contrário, rua".

A morte de Santiago Saquil

Um fato ocorrido na cidadezinha serrana *q'eqchi*-maia de San Pedro Carchá ilustra a persistência do poder do latifúndio. Trata-se do assassinato de Santiago Saquil, em 1953, por seu vizinho, o camponês ladino Emílio Alvarado, num pequeno vilarejo de Carchá. Pai de seis filhos, Alvarado sempre morou perto da família de Saquil e, tal como o vizinho, ganhava a vida como arrendatário. As duas famílias se haviam unido pelo casamento: a companheira *q'eqchi* de Alvarado, que com ele vivia havia trinta anos, era prima de Saquil, e seu irmão ladino era casado com a irmã *q'eqchi* da mulher de Saquil. Os irmãos de Alvarado falavam *q'eqchi* em casa e não ensinavam espanhol aos filhos. Cucul, que ajudou a família de Santiago nos trâmites legais, afirma com insistência que, embora Santiago fosse presidente do CAL do vilarejo e membro do sindicato rural, o conflito de Alvarado com Saquil nada tinha a ver com terra nem com economia. Segundo ele, Alvarado odiava Saquil porque este era um "líder" que não conhecia seu lugar. Santiago foi morto, conforme o depoimento de sua mulher, por ser politicamente ativo, porque "era membro do *campesinado*". Aliás, ressalta Cucul, Alvarado poderia ter se beneficiado com a reforma agrária, mas se opôs a ela porque era ladino e se considerava "*más que uno*" – melhor do que os outros.

A prisão de Alvarado pelo assassinato de Saquil tornou-se uma *cause célèbre* em Alta Verapaz e contribuiu para unificar diversas correntes de sentimento anticomunista. Os sacerdotes católicos de Carchá celebraram missas por sua libertação, aproveitando a oportunidade para pregar contra a *comunidad* e a reforma agrária. Arturo Nuila, fazendeiro, advogado e um dos homens mais poderosos de Cobán, prontificou-se a defender Alvarado gratuitamente. Embora vivesse num mundo muito distante da existência campesina de Alvarado, uniu-os a oposição ao insolente *q'eqchi*. O julgamento foi uma oportunidade de mesclar publicamente estereótipos de racismo com os temores anticomunistas, uma mistura letal que se tornaria cada vez mais tóxica nas décadas que se seguiram a 1954. Nuila organizou um verdadeiro desfile de testemunhas tendenciosas no tribunal. *Q'eqchis* rurais, ladinos ilustres e clérigos de Carchá asseveraram que Saquil era "belicoso e agressivo", "corpulento e forte", "vivia alcoolizado", era "descontrolado, intratável e truculento" e "um homem hostil". Pouco depois da deposição de Arbenz, Nuila impetrou a suspensão das acusações contra Alvarado. Segundo ele, a família de Saquil "foi mal aconselhada por Alfredo Cucul, o líder instigador". Seu cliente tinha "uma conduta impecável e se viu obrigado a cometer um ato lamentável por causa das atitudes injustificáveis de um líder comunista animado pelas circunstâncias prevalecentes no país naquele período". Os jornais anticomunistas de Cobán, *El Sulfato* e *El Impacto*, fizeram campanha pela libertação de Alvarado, a qual se efetivou em fevereiro de 1955. A única coisa que ele fez, comentou *El Impacto*, foi "matar um líder comunista".

Cucul, um membro e organizador *q'eqchi* do PGT na região predominantemente maia de Alta Verapaz, insiste em que a reforma agrária contou com o apoio expressivo dos *q'eqchis*. Quando lhe perguntam quem se opunha a ela, a resposta é: os ladinos. Quando indagam se algum *q'eqchi* foi contra a reforma, ele confessa que uns poucos, mas eram ricos e viviam no centro de Carchá. Quando interrogado sobre os *q'eqchis* rurais que testemunharam em favor de Alvarado ou por que seu suposto apoio desapareceu rapidamente após a queda de Arbenz, Cucul reconhece que alguns deles eram contra a revolução: "não sabiam o que faziam, aderiram a ambos os lados. Alguns eram muito apegados aos patrões. Eram como cães que obedecem quando recebem a ordem de latir. Faziam o que lhes mandavam".

Desde o começo, a Revolução de Outubro gerou adversários naturais não só entre os que lucravam com a velha ordem, mas também entre os que achavam segurança e significado em sua hierarquia e autoridade. À medida que a revolução progredia, uma defesa difusa da disciplinada segurança do latifúndio e uma hostilidade a quem desafiava a hierarquia social cindiram as linhas de classe e etnia, unindo homens tão diferentes como Nuila (um rico fazendeiro e advogado) e Alvarado (um camponês analfabeto e diarista). As divisões de raça e classe mostraram-se potencialmente tão fortes que chegavam a indispor partidários da Revolução de Outubro entre si. Por exemplo, o organizador da comemoração de 1º de Maio em Cobán, em 1953, contou que os "escassos" burocratas do governo que compareceram se recusaram a "desfilar com os companheiros mais humildes [camponeses]", comportando-se como "aristocratas infames".

Na tentativa de enfraquecer o considerável poder que os latifundiários continuavam exercendo sobre a população rural, o Decreto 900 investiu os ativistas agrários locais de uma considerável porção de poder não regulamentado. Esses ativistas geralmente recorriam à sua autoridade de líderes comunitários, políticos ou patriarcas para mobilizar quantidades ameaçadoras de seguidores em apoio a metas específicas, como a terra, melhores condições de trabalho, melhores salários e autonomia política. Essa mobilização destruiu e refez as relações e expectativas sociais em toda a Guatemala, mas foi nos líderes alfabetizados em espanhol, como Cucul, que ela teve maior impacto ideológico, aprimorando sua compreensão dos direitos e do poder político, contando com o apoio da intervenção estatal. Apesar da difusão de partidos, sindicatos e CALs, essa mobilização foi conseguida utilizando-se muitas das mesmas relações hierárquicas de submissão e obrigação que estruturavam a sociedade rural – hierarquias que não foram questionadas em seus fundamentos.

Foram muitas as causas do fracasso da breve experiência democrática da Guatemala. À diferença do México, as elites não chegaram a se unir numa coalizão partidária governante; dissensões endêmicas entre os líderes políticos redundaram em infindáveis lutas faccionárias. Embora não faltassem nacionalistas econômicos e reformistas na burguesia, não tinham força suficiente para contra-arrestar a aliança forjada entre a classe dos proprietários rurais, empenhados em reaver o poder, e o Departamento de Estado norte-americano, disposto a restaurar o *status quo ante*. Embora os objetivos das revoluções mexicana e guatemalteca fossem semelhantes, no México as décadas de violência popular obrigaram as elites a cumprirem as promessas de reforma. Na Guatemala, sem essa violência mobilizada, algumas elites recorreram à reação e à repressão quando se esfacelou o consenso do governo em torno da reforma. Todavia, à medida que aumentavam a participação popular, a agitação e as reivindicações (ainda que sem violência popular) nos anos subsequentes a 1944, as elites reacionárias passaram a se valer efetivamente da retórica anticomunista para explorar a ansiedade da classe média com a rebelião camponesa e indígena; o Estado, por sua vez, não foi capaz de transformar a crescente participação rural na defesa das conquistas da revolução.

O Departamento de Estado e a Agência Central de Inteligência dos Estados Unidos se aproveitaram dessa instabilidade e dessa ansiedade para promover, planejar e executar a deposição de Arbenz em 1954. Vimos anteriormente como é improfícuo o debate sobre se foi o anticomunismo ou o interesse econômico da United Fruit Company que compeliu o governo Eisenhower a atacar Arbenz. Podemos colocar uma questão mais interessante, se bem que não menos insolúvel: a revolução teria perdurado sem a intervenção dos Estados Unidos ou as contradições internas teriam imposto o seu declínio? Conquanto não haja resposta, a pergunta altera o foco, incluindo o papel dos guatemaltecos na construção de sua própria história.

2. A CONTRARREVOLUÇÃO DE JUNHO

A deposição de Jacobo Arbenz, em 1954, não teria ocorrido se não fossem os Estados Unidos.[1] Houve muito menos golpes e conspirações contra Arbenz do que contra Arévalo, e, sendo oficial do Exército, aquele contava com uma lealdade muito maior dos militares do que este. Embora a autoridade crescente do PGT na política guatemalteca suscitasse ansiedade em alguns oficiais, a influência do partido nunca chegou a ameaçar a autonomia das Forças Armadas, cujos integrantes passaram a desfrutar privilégios inéditos no governo Arbenz. A agitação no campo era administrável ou, segundo certas avaliações, até tendia a declinar, e muitos anticomunistas estavam convencidos de que a influência do PGT diminuiria quando o mandato do presidente da República chegasse ao termo em 1956. Havia oposição – mais de cem mil guatemaltecos votaram no adversário de Arbenz em 1950 (este foi eleito com mais de duzentos mil votos) –, contudo, pelos cálculos da CIA, era uma oposição "passiva" e dividida. Desacreditados e desmo-

---

[1] A não ser quando indicado, a análise que se segue sobre o patrocínio dos Estados Unidos à derrubada de Arbenz vem das duas fontes mais abrangentes atualmente disponíveis. Gleijese (1991, p.208-360) baseou-se em documentos públicos norte-americanos e longas entrevistas com muitos protagonistas dos fatos. O livro de Cullather (1999) era originalmente um relatório interno da CIA baseado em documentos na época confidenciais. O relatório foi liberado em seguida e editado pela Stanford University Press. Ver também Schlesinger e Kinzer (1982) e Immerman (1982). Para relatos pessoais de três agentes da CIA, ver Hunt (1974), Roettinger (1986, p.50) e Phillips (1977). Em maio de 2003, o Departamento de Estado liberou 287 documentos pormenorizando o envolvimento dos Estados Unidos na operação para depor Arbenz, documentos estes que podiam ser obtidos no *site* www.state.gov/r/pa/ho/frus/ike/guat/.

ralizados, os membros da oligarquia rural hesitavam em arriscar o considerável conforto de que ainda desfrutavam numa campanha quixotesca contra um presidente popular e aparentemente estável. As associações industriais, comerciais e agrícolas, assim como os editorialistas de muitos jornais, sobretudo a partir da implantação da reforma agrária, desencadearam uma campanha incansável contra Arbenz, geralmente conclamando à franca rebelião. Mas, segundo o Departamento de Estado, esses grupos não tinham um "programa positivo". Não faziam senão fuzilar impropérios.

A coalizão contrarrevolucionária

A Agência

Mesmo antes da posse de Arbenz, pretensos libertadores se puseram a peregrinar constantemente à embaixada norte-americana em busca de patrocínio. Embora os diplomatas do Departamento de Estado cordialmente se recusassem, a CIA, que iniciara as operações na Guatemala em 1947, cuidou de cultivar aliados potenciais. Com a guerra fria em curso, Washington passou a encarar com crescente desconfiança o nacionalismo que impulsionava a abertura democrática na América Latina do pós-guerra e estimulou, furtivamente, o seu refreamento. Embora o moderado apoio de Arévalo aos sindicatos da United Fruit Company e sua oposição aos ditadores da América Central e do Caribe provocassem nervosismo nos funcionários norte-americanos, o fato de ele proscrever o comunismo mitigava alguns temores dos Estados Unidos. O conflito com a United Fruit Company iniciou-se imediatamente após 1944, mas recrudesceu quando a empresa taxou de discriminatório o Código do Trabalho de 1947 por isentar os produtores menores de muitas exigências e proteções. No fim da década de 1940, a empresa lançou campanhas simultâneas, tratando de difamar a Guatemala na imprensa norte-americana e fazendo *lobby*, no Departamento de Estado de Harry Truman, em prol da intervenção. Por sua vez, o governo Truman suspendeu um processo antitruste contra a United Fruit, e esta, em contrapartida, comprometeu-se a agir duramente na Guatemala, ameaçando encerrar suas operações caso Arévalo não refreasse o nacionalismo econômico.

Em julho de 1952, um ano depois da posse de Arbenz e um mês depois da aprovação da reforma agrária, o Departamento de Estado encarregou a CIA de depor o presidente guatemalteco, mas suspendeu rapidamente a operação quando Anastasio Somoza, da Nicarágua, se pôs a falar abertamente em planos de invasão. Passado um ano, em março de 1953, um levante contra Arbenz financiado pela United Fruit Company malogrou por falta de apoio popular. A pronta debelação da revolta pelos militares resultou na desmoralização dos líderes sediciosos e no exílio ou na prisão de muitos dos melhores aliados da CIA.

Assim, em agosto daquele ano, ao decidir reiniciar a campanha contra Arbenz, o recém-empossado Eisenhower compreendeu que uma simples revolta militar ou uma invasão não daria resultado. O presidente guatemalteco e a reforma agrária eram profundamente populares, os militares estavam tranquilos e a oposição continuava dividida. A PBSUCCESS, como se batizou a campanha, foi a mais ambiciosa operação secreta da CIA e serviria de modelo para intervenções futuras. Durou quase um ano, em contraste com as seis semanas de que a Agência precisou para depor o primeiro-ministro iraniano Mohammad Mossadeq em 1953 (Roosevelt, 1979). De Langley à Madison Avenue, os Estados Unidos mobilizaram todo seu poder para liquidar a Revolução de Outubro. Usaram a Organização dos Estados Americanos para isolar a Guatemala diplomaticamente, trabalharam com empresas norte-americanas a fim de gerar uma crise econômica no país e criaram e equiparam uma força invasora de exilados estacionados em Honduras. À procura de armas, a Marinha norte-americana passou a vistoriar todos os navios que entravam nos portos da Guatemala. A "ilegalidade flagrante" desse ato foi uma demonstração de força que não passou despercebida ao governo guatemalteco, que invocou inutilmente as leis internacionais em defesa de sua soberania. O Departamento de Estado designou os embaixadores mais obstinadamente anticomunistas para a Guatemala, a Nicarágua e Honduras, ameaçando suspender as tão necessárias concessões comerciais e o crédito aos países latino-americanos que se recusassem a endossar seus planos para a Guatemala. A CIA se serviu de práticas tomadas de empréstimo à psicologia social, a Hollywood e à indústria publicitária para erodir a lealdade e gerar resistência. Os programas de rádio incitavam os funcionários públicos e os militares à traição e procuravam convencer a população guatemalteca da existência de um amplo movimento clandestino de resistência. Dizendo-se transmitidos pelas forças rebeldes desde as "profundezas da selva", os programas eram, na verdade, gravados em Miami e transmitidos da Nicarágua. Os agentes garimpavam táticas de desinformação em sociologias *pop* e romances de espionagem. A Agência plantava notícias na imprensa guatemalteca e norte-americana e urdia ameaças de morte e sabotagens a fim de criar desavenças e confusão no governo Arbenz.

Não obstante, se bem que a contrarrevolução não houvesse ocorrido sem os Estados Unidos, tampouco teria durabilidade e força se não estivesse ligada a correntes de oposição no interior da própria Guatemala. Como vimos no capítulo precedente, os latifundiários empenhados em atiçar um repúdio popular à reforma agrária, as autoridades comunitárias ameaçadas pela secularização e a pluralização da política local, os revolucionários a disputarem recursos e adeptos, e os ladinos locais, ricos e pobres, procurando conter o súbito fortalecimento de "líderes" indígenas como Saquil encontraram reforço ideológico na ascensão do anticomunismo da guerra fria. No entanto, essa oposição não chegou a criar grandes líderes. Os fazendeiros estavam muito isolados e temiam agir fora do âmbito local, ao passo que os militares se mantinham leais desde que os "amigos comunistas" de Arbenz não lhes ameaçassem os interesses. Isso durou até que a Igreja Católica e os estudantes nacionalistas anticomunistas se lançaram à luta com tanto zelo quanto o gerado pela expectativa de democracia e justiça.

A Igreja

O catolicismo não era a religião do Estado cafeeiro, e essa foi a maior vantagem da Igreja no combate à Revolução de Outubro. No século XIX e no início do XX, muitos fazendeiros que se elegeram presidentes e governadores eram católicos praticantes, mas seu vínculo com a maçonaria, o positivismo, assim como o desprezo que devotavam às instituições coloniais, levou-os, a partir de 1871, a impor a separação legal entre Estado e Igreja, a limitar a esta o direito de propriedade, a estimular o protestantismo e a restringir a participação do clero na política. Na véspera da revolução de 1944, a Guatemala contava com apenas 126 sacerdotes católicos numa população de mais de três milhões de pessoas, e quarenta deles estavam ocupados com a salvação dos 170 mil habitantes da capital (Chea, 1988, p.70).

Inicialmente, o arcebispo Mariano Rossell y Arellano viu na deposição de Ubico, em 1944, uma oportunidade de restaurar a autoridade da Igreja. No entanto, foi se tornando cada vez mais beligerante à medida que ficou claro que Arévalo não tinha intenção de revogar a antiga legislação anticlerical. Em 1945, quando o Congresso declarou que o bem-estar social deveria ser considerado um "direito" e não uma "caridade humilhante", o clérigo desfechou um prolongado combate à Revolução de Outubro, o qual duraria uma década e culminaria com a conclamação à insurreição de abril de 1954. Mediante a divulgação ininterrupta de pastorais e sermões, Rossell y Arellano tratou de igualar Arévalo aos ditadores liberais precedentes e concebeu uma noção de miséria humana fundada não na luta de classes, mas na erosão secular das instituições e proteções coloniais, as quais, durante séculos, insistia ele, haviam dado significado, dignidade e bem-estar aos guatemaltecos. Atribuía ao Iluminismo a brutalidade da Segunda Guerra Mundial e via na vitória aliada não uma chance de consolidar a democracia, como muitos acreditavam na época, mas o anúncio do triunfo do "materialismo" ateu. A Revolução Francesa desencadeara "uma preamar de perversidade" e havia introduzido uma "liberdade sem consciência" e um "capitalismo opressor" sem "Deus nem coração". A Igreja Católica tinha um longo currículo não só de assédio ao governo, mas de defesa dos camponeses contra a expropriação liberal da terra e do trabalho, e Rossell y Arellano procurou caracterizar a Revolução de Outubro como uma extensão dessa predação: "O ódio do liberalismo à Igreja não se fundamentava tanto na oposição a suas doutrinas ideológicas quanto no papel da Igreja como protetora dos indígenas e barreira contra a ganância dos que queriam explorar o camponês".

No início da Revolução de Outubro, o anticomunismo de Rossell y Arellano era vago, voltado para remotas ameaças internacionais. Suas arengas contra o "totalitarismo ateu" geralmente erravam o alvo. Na tentativa de tomar um curso equidistante, na polarizada atmosfera da guerra fria, o arcebispo também criticou o materialismo soviético e preconizou um "socialismo espiritual" destinado a restituir aos "homens" uma "integridade a eles negada pelo conservadorismo e pelo liberalismo". Nem mesmo os revolucionários mais militantes eram jacobinos anticlericais como os existentes no vizinho México. Na Guatemala, não se verificou nenhuma tentativa de substituir a linguagem e o ritual do catolicismo por um novo culto estatal do secular, nenhum esforço para extirpar a fé religiosa. Pelo contrário, o que mais irritava o dignitário era o fato de a Revolução de Outubro, longe de rejeitar o cristianismo, tentar redefinir seu significado. Ele deplorava que os revolucionários

> fizessem doações às aldeias ... apresentassem a imagem da Virgem e a chamassem de "Nossa Senhora de Carmen do PAR" ... Que gravassem a lista de candidatos a deputado no verso das medalhas do Sagrado Coração ... Que se oferecessem para reformar as igrejas dos povoados.

E em 1946, após a primeira tentativa séria de golpe de Estado, os aliados de Arévalo inundaram a Plaza Nacional de cartazes afirmando que "Jesus Cristo era socialista". Para obstar semelhante empenho em recrutar o Salvador para as fileiras democratas, Rossell y Arellano passou a articular cada vez mais uma posição que não permitia meio-termo. Ao socialismo da alma de Arévalo, contrapôs que todas as formas de socialismo eram um anátema contra o catolicismo e não serviam senão para fomentar a guerra de classes, "semear o ódio no coração do proletariado", e não passavam de um disfarce do "ridículo e vergonhoso fantoche do comunismo".

A ameaça da política moderna obrigou a Igreja a atualizar o discurso. Rossell y Arellano tinha simpatia pelo fascismo, conquanto desconfiasse de seu apelo à ação política das massas. No entanto, estava disposto a recorrer a instrumentos políticos contemporâneos, como o sufrágio e a educação, na medida do necessário para não ser atropelado pela modernidade. Embora apelasse para um passado que restaurasse devidamente a Igreja como a guardiã da moralidade e mediadora dos conflitos, arrimou suas táticas no presente. Pregava contra o efeito divisivo do pluralismo democrático, alegando que "a liberdade ao sabor do capricho de cada indivíduo, longe de unir o povo no avanço rumo ao progresso, não faz senão fracioná-lo em bandos adversários". Ao mesmo tempo, declarava que era pecado não votar contra os candidatos anticlericais. Seu jornal criticava a política de educação pública de Ubico, asseverando que "os livros são uma escada demasiado frágil para os nossos indígenas subirem à civilização". Mas implantou várias escolas indígenas. E, ao mesmo tempo que estigmatizava a política popular, promovia as Ligas dos Trabalhadores Católicos e criava um programa catequista nas áreas rurais a fim de conter a propagação dos sindicatos e dos partidos políticos.

Por estridente que fosse a crítica de Rossell y Arellano a Arévalo, seus ataques contra Arbenz foram muito mais além. A luta já não era a da cidade de Deus contra a cidade do homem, mas "contra a cidade do demônio encarnado". Ele se uniu aos latifundiários no combate à reforma agrária "completamente comunista", fadada a levar a uma "ditadura agrária". Explorou o temor crescente de que a reforma subvertesse as adequadas relações entre ladinos e indígenas, entre homens e mulheres. Condenou os revolucionários por ensinarem os camponeses "a falar em público". Embora a política fosse geralmente exercida pelos homens, por vezes as mulheres se aproveitavam dos novos canais de participação. "Quando uma mulher de uma aldeia qualquer manifestava talento para o proselitismo ou a liderança", escreveu o arcebispo, "era recompensada com um cargo elevado e bem pago na burocracia oficial. [Os revolucionários são] corruptores profissionais da alma feminina das mulheres das classes operária e camponesa".

Rossell y Arellano se inspirou no fascismo para promover uma visão espiritual da unidade social, um antídoto contra o divisionismo e a dissensão decorrentes do pluralismo democrático secular. Antes da Revolução de Outubro, a Guerra Civil Espanhola oferecera a possibilidade de reaproximação entre a Igreja e o Estado. Apesar de seu *pedigree* liberal, Ubico imitou o estilo de Mussolini, reconheceu prontamente a rebelião de Franco e deu acolhida aos exilados espanhóis fugidos do republicanismo, muitos deles padres. A falange era forte entre os mil *émigrés* espanhóis na Guatemala e injetou na Igreja Católica um nacionalismo místico restaurador. "Nós não queremos um catolicismo frio", proclamava seu hebdomadário, "queremos a santidade, uma santidade ardente, grandiosa e jovial, intransigente e fanática". Os rituais fascistas, como a missa solene celebrada na catedral em 1938, em homenagem às vítimas dos republicanos espanhóis, à qual não faltaram membros do governo, deu à Igreja um meio de reconsagrar sua relação com um Estado que, havia muito, se despojara da ornamentação cerimonial católica. Uma elaborada avaliação do povo permitiu a Rossell y Arellano promover um nacionalismo católico que contornava o Estado para alinhar a Igreja ao espírito nacional. "As tribos desorganizadas que habitavam nossa América", escreveu, "teriam desaparecido se a conquista espanhola não tivesse chegado tão providencialmente, unindo-as e derramando sobre elas a tríplice bênção da religião, do sangue e da língua". À exaltação democrática da justiça secular e dos direitos individuais, o prelado contrapunha a unidade cristã, a submissão e a obediência: "À sombra da cruz de Cristo, forjou-se o caráter moderado dos nossos ancestrais, a quem devemos o que há de nobre e generoso em nossas classes superiores e o que há de paciente e abnegado nas classes populares".

A promoção do catolicismo popular ajudou-o a recrutar, em sua cruzada, as *cofradías* rurais, os cultos dos santos por meio dos quais decorria grande parte da vida política local.[2] Inicialmente, em algumas comunidades, os líderes dessas irmandades religiosas se mostraram receptivos à revolução, valendo-se dos partidos políticos e dos sindicatos para lutar por questões específicas ou para arrebatar o poder municipal das mãos dos ladinos. Em certos casos, esse apoio prosseguiu durante todo o curso da revolução. Mas em algumas cidades, como Rabinal e San Pedro Carchá, as *cofradías* começaram a se opor à secularização e à proliferação das novas associações que lhes solapavam a autoridade, particularmente com a ascensão de novos líderes fora dos canais estabelecidos. Em 1953, Rossell y Arellano organizou a turnê da imagem do Cristo Negro de Esquipulas, considerado "o coração e a alma do catolicismo guatemalteco" e padroeiro do país desde 1916. Milhares de pessoas saudaram o Cristo em sua passagem pelas quatro *cofradías* de San Pedro Crachá antes de entrar na igreja, e "os camponeses, em massa, afluíram às ruas para contemplar a imagem sagrada, prostrar-se diante dela e beijar-lhe os abençoados pés". A romaria fez mais "contra o comunismo", asseverou o arcebispo em 1955, "do que se centenas de missionários e milhões de livros e centenas de programas católicos de rádio tivessem promovido a campanha anticomunista".

Em todo o campo, o anticomunismo católico passou do púlpito à população também graças à rede de sacerdotes e catequistas da Igreja. No esforço de cultivar boas relações com o Vaticano, Arbenz deu continuidade à política de Ubico de per-

---

[2] Durante toda a guerra fria, os teóricos da contrainsurgência discutiram se a "cultura" local constituía uma ameaça de rebelião ou um baluarte da contrainsurgência. Ver o debate em Robin (2001, cap.9). Sobre a Guatemala, ver em Cifuentes (1982) a argumentação de um estrategista do Exército guatemalteco, segundo a qual a cultura maia tradicional podia servir de base social efetiva para a contrainsurgência.

mitir que mais e mais padres estrangeiros fossem trabalhar na Guatemala. Muitos deles vinham de países em que haviam sofrido o anticlericalismo republicano ou socialista, como a China, a Espanha, o México, a Hungria e a Checoslováquia, e adotaram um anticomunismo nascido da perseguição e até da tortura. Boa parte dos religiosos espanhóis e italianos simpatizava com o fascismo. Outros, oriundos dos Estados Unidos, manifestavam um anticomunismo menos passional e teorizado, mais instintivo. De 1951 a 1954, frei Sebastian Buccellato foi um dos dois franciscanos norte-americanos lotados em Asunción Mita, no departamento oriental de Jutiapa. Ele recorda que se opunha a Arbenz menos por questões políticas do que por temor ao ateísmo: "Nós éramos americanos, não gostávamos de Mussolini, queríamos liberdade de expressão e democracia". Asunción Mita era uma "fortaleza comunista", e, para contornar a proibição da política clerical, ele e o outro sacerdote norte-americano treinaram um grupo de 35 catequistas leigos.

> Não nos era permitido pregar contra o comunismo, mas aos nativos sim, de modo que tratamos de instruí-los sobre os males do comunismo, e eles iam doutrinar os outros nas aldeias. Nós lhes ensinamos a doutrina católica e que o comunismo nega a Deus e pretende que o governo é mais importante do que a Igreja. Dizíamos que os comunistas estavam tentando fundar uma sociedade pagã. E que era preciso resistir.

Por considerável que fosse a autoridade moral da Igreja Católica sobre a população guatemalteca, sua influência política era limitada. A Igreja estava sobrecarregada. Frei Sebastian relembra que era um dos apenas quatro sacerdotes em todo o departamento de Jutiapa. Rossell y Arellano lançou um programa catequista a fim de expandir o alcance da Igreja, porém, a muitas comunidades, este só chegou na fase final da revolução. Do mesmo modo, apesar da liberdade de expressão sem precedentes que caracterizou os governos Arévalo e Arbenz, os padres precisavam ter cautela, pois era crime pregar contra o governo, como constatou frei Sebastian ao ser expulso do país no início de 1954.

"A inexistência de um programa social construtivo" da Igreja, observou a embaixada norte-americana, limitou sua influência, ao passo que a CIA acreditava que os benefícios tangíveis da reforma agrária solaparam seu anticomunismo. Por mais que os camponeses se prostrassem aos pés do Cristo Negro, cem mil famílias receberam terra e gado. Portanto, quando, em abril de 1954, Rossell y Arellano exortou os guatemaltecos a "se erguerem como um só homem para combater o inimigo de Deus no país", outros se encarregaram de transmitir a mensagem.

Contrainsurgentes insurgentes

Reconhecendo que a luta no campo estava perdida, os agentes da CIA passaram a trabalhar principalmente com o Comitê de Estudantes Universitários Anticomunistas, o Ceua, um grupo de aproximadamente cinquenta jovens universitários, em sua maioria oriundos da capital, mas também provenientes das províncias. Liderados por Mario Sandoval Alarcón, Lionel Sisniega Otero, Mario López Villatoro e Eduardo Taracena de la Cerda, esses estudantes profissionais, geralmente filhos de fazendeiros médios, adotaram um internacionalismo enérgico. Formaram grupos de exilados no México, em El Salvador e em Honduras e organizaram uma campanha internacional de cartas exigindo a libertação de Sandoval quando de sua prisão, instituíram organizações de solidariedade, como o Comitê México, e promoveram a "salvação" da Guatemala como apenas o "primeiro passo" rumo à libertação da América Latina do comunismo. Criaram uma rígida estrutura organizacional, à qual impuseram disciplina partidária. Insurgentes que eram, procuraram, tal como o arcebispo com o qual colaboravam estreitamente, destruir toda e qualquer possibilidade de compromisso: "O comunismo ateu e o cristianismo eram duas filosofias conflitantes". A opção era absoluta: "servidão humana num sistema totalitário" ou "democracia". Armados de treinamento e equipamento norte-americanos, empreenderam uma campanha cada vez mais intensa de terrorismo, incluindo sabotagem, bombas e propaganda, que, segundo se esperava, inspiraria "o povo a pegar em armas, punir os responsáveis e erradicar o comunismo total e definitivamente", nele infundindo "uma grande febre patriótica e um grande espírito de luta".

O Ceua foi criado em setembro de 1951, mas suas raízes remontam às polêmicas que arrebataram a classe política da cidade da Guatemala em torno da adoção de uma nova Constituição em 1945. Enquanto questões como o sufrágio feminino, as leis de vadiagem, o bem-estar social e as relações Igreja-Estado geravam múltiplas propostas e opiniões, duas amplas facções separaram os que se empenhavam em fazer avançar o liberalismo social dos que procuravam contê-lo. De início, estes últimos aglutinaram sobretudo as elites econômicas, a hierarquia católica, os *cachurecos* (gíria que designava os ultracatólicos, geralmente aplicada aos oligarcas filiados ao extinto Partido Conservador) e os elementos inflexíveis das Forças Armadas. A situação revolucionária aprofundou o cisma, imprimindo significado político a cada ato, transformando todo e qualquer acontecimento em uma provocação e recrutando novos adeptos para ambos os lados. Quando uma greve de ferroviários coincidiu com um congresso eucarístico patrocinado pela Igreja, esta se pôs a afirmar que a paralisação tinha sido provocada intencionalmente a fim de impedir os fiéis do campo de viajarem à cidade. Em 1948, quando se repatriaram os restos mortais do predecessor de Rossell y Arellano, este aproveitou a ocasião para condenar o governo por ter fechado, pouco antes, uma estação de rádio falangista. Logo depois desse sermão, espalhou-se o boato de que o governo pretendia exilar o arcebispo, provocando um vasto protesto católico que só se dispersou quando o coronel Francisco Arana garantiu que não se planejava semelhante medida.

O coronel Arana era o homem em torno do qual se aglutinava a oposição à Revolução de Outubro. Em 1949, sua morte acidental, pelas forças do governo, na ocasião em que foi preso por ter participado de um complô para derrubar Arévalo, provocou um levante militar reprimido por Arbenz, pela polícia leal e por voluntários civis. Mas isso rendeu à contrarrevolução o seu primeiro mártir – até hoje a direita guatemalteca considera essa morte o marco inicial da guerra civil –, e a torpe tentativa de Arévalo de culpar os "reacionários" pela morte de Arana só serviu para confirmar, aos olhos dos adeptos do coronel, que Arbenz assassinara premeditadamente o adversário a fim de se assegurar como sucessor do presidente. Este decretou cinco dias de luto oficial, entretanto seu esforço para capitalizar a morte de Arana para a revolução foi revelado no ano seguinte, 1950, quando ele decretou feriado para comemorar a derrota dos rebeldes. Em contrapartida, os estudantes anticomunistas organizaram um protesto que desencadeou uma semana de conflitos de rua entre os aliados e os adversários do governo. Arévalo conclamou seus adeptos desde o balcão do palácio nacional. O comércio entrou em greve. Piquetes organizados pelos sindicatos saquearam as casas dos suspeitos de atividades contrarrevolucionárias. Em média, morreram duas pessoas por dia durante a semana de protestos, que só terminou quando Arévalo prometeu exonerar o chefe da polícia nacional e o ministro do Interior. Theodore Draper – um importante social-democrata anticomunista norte--americano, que posteriormente continuaria escrevendo para criticar a Revolução Cubana – fez a cobertura dos tumultos para uma publicação de seu país. Descreveu os manifestantes anti-Arévalo como gangues da *jeunesse dorée*, observando que "era fácil distinguir os dois lados em conflito – os mal-vestidos e os bem-vestidos ... Era uma espécie de inversão da antiga luta de classes. Os trabalhadores se impunham com a proteção do governo, e a classe média fazia greve".

O ano de 1951 presenciou o ingresso das classes populares urbanas na política de oposição. Liderado por Eduardo Taracena, o Ceua organizou as mulheres do mercado em comitês anticomunistas para reivindicar o retorno das freiras que acabavam de ser substituídas por assistentes sociais no orfanato nacional. O ódio à secularização das instituições sociais do Estado combinou-se com um anticomunismo impelido pela visibilidade cada vez maior do PGT, ainda na ilegalidade. Manifestantes destruíram uma sede do partido e perseguiram os militantes pelas ruas. Era uma "multidão verdadeiramente impressionante", reconhece Fortuny, que passou a noite na embaixada da Colômbia (Flores, 1994, p.195). No dia seguinte, Arbenz, seguindo o conselho do PGT, readmitiu as irmãs a fim de amenizar a tensão. No entanto, a polícia dispersou violentamente a multidão reunida em frente ao palácio, ferindo muitas pessoas e matando doze.

Bem antes que os Estados Unidos decidissem definitivamente depor Arbenz, dois campos ficaram em evidência, e toda ação empreendida por um deles era usada pelo outro para estigmatizar o rival como um "agressor universal em uma luta política sem quartel que não tolerava compromisso" (Mayer, 2000, p.81). Apesar do nacionalismo comum, ambos os lados revestiam sua luta com a bandeira do universalismo. Os sindicatos esquerdistas e o Congresso Nacional guardaram um minuto de silêncio para marcar a morte de Stalin. Os estudantes anti-Arbenz criaram vínculos com grupos anticomunistas da Bolívia, da Argentina, do Brasil e da Ásia. E, quando os organizadores do esquerdista Congresso Internacional pela Paz celebraram uma missa, Rossell y Arellano tomou inesperadamente o púlpito para pregar a paz, mas "a paz de Cristo", não a "farsa do congresso pela paz".

Em meio aos inúmeros grupos anticomunistas que formaram a onda de protestos de 1951, o Ceua se distinguiu pelo ardor de seus militantes, e a CIA, desesperada por encontrar ativistas com que trabalhar naquela oposição dividida e oportunista, usou-os como peões na Operação PBSUCCESS. No início da campanha, os estudantes imaginaram um período de educação política de massa que, evocando uma vez mais a linguagem associada à esquerda, "conscientizaria" todos os guatemaltecos. Utilizando jornais, gibis e panfletos, propunham-se a ensinar, em termos simples, o significado das palavras-chave contrarrevolucionárias, como *Deus, Pátria, Lei, Justiça, Verdade* e *Trabalho*:

> *Verdade* como emblema da sinceridade e da realização dos ideais elevados e como antítese das mentiras; *Trabalho* como um nobre atributo dos seres humanos, uma expressão fecunda

do criador espiritual do homem [e] não como exploração do homem pelo homem, como o prega o comunismo.

Eles preconizavam um anticomunismo que não só não negava a existência da injustiça social como procurava retificá-la. "A nossa campanha deve ter como metas", escreveu o Ceua em 1953, "a humanização do sistema econômico capitalista, a diminuição da miséria em que vive a grande maioria, a elevação do nível de vida dos trabalhadores" e uma "reforma agrária destinada a criar novos proprietários".

Os agentes da CIA, em particular George Tranger, o chefe da missão na Guatemala, tinham outras ideias. Insistiam numa estratégia concebida para infundir mais medo que virtude. A propaganda destinada a "atacar os fundamentos teóricos do inimigo" era inútil. A proposição que Tranger escreveu em 1954 consistia em "(1) intensificar o anticomunismo, o sentimento antigoverno e fomentar a disposição a agir; e (2) criar dissensão, confusão e MEDO no campo inimigo". O esforço psicológico devia atingir "o coração, o estômago e o fígado (medo)". "Nós não estamos promovendo um concurso de popularidade, e sim uma sublevação", foi a resposta de um agente aos temores dos estudantes de que a campanha fosse demasiado negativa.

A Agência tinha um método, e seu plano de semear "desconfiança, divisão, suspeita e dúvida" atropelou o esforço dos estudantes de elevar a consciência política. Estes divulgavam falsas notícias da morte de Arbenz, de Fortuny e de outras lideranças do governo e do PGT e colavam adesivos nas portas dos aliados de Arbenz: "Aqui mora um comunista". Postavam impressos de uma falsa "Organização dos Militantes Ateus" a fim de atemorizar os católicos e espalhavam boatos de que o governo estava prestes a congelar as contas bancárias, a coletivizar todas as fazendas e a proibir a Semana Santa. Faziam circular os escritos do arcebispo, inclusive sua conclamação de abril de 1954 à insurreição, e enviavam bilhetes aos oficiais das Forças Armadas, informando-os de que seus colegas os estavam espionando para o PGT, e a Víctor Manuel Gutiérrez dizendo que

Fortuny conspirava contra ele "e vice-versa". Foi um ano de escalada da campanha de sabotagem, agitações políticas, rumores e propaganda com o fim de desestabilizar e desmoralizar os que apoiavam o governo, criar dissensão entre os militares, obrigar Arbenz a punir as dissidências, para assim estimular e unificar a oposição.

Em 15 de junho de 1954, quando o coronel Carlos Castillo Armas, escolhido a dedo pelos Estados Unidos, empreendeu a invasão a partir de Honduras, a CIA havia atingido todos os seus objetivos, exceto a criação de um movimento unificado de resistência interna. Não foi necessário. Os Estados Unidos manipularam habilmente a tensão entre a negação pública de seu envolvimento e as manifestações privadas de antipatia. Embora a invasão fosse precária e pudesse ser facilmente derrotada pelas tropas guatemaltecas, os militares abandonaram Arbenz por temer o poder dos Estados Unidos, que eles sabiam ter organizado, treinado e financiado a invasão.

A volta do destino

Se a força da Revolução de Outubro residiu no fato de ela ter vencido a ideia de que a injustiça era uma sina, o poder da contrarrevolução arrimou-se no ressurgimento do destino, pois, como observa Barrington Moore Junior (1978, p.459), as pessoas "tendem evidentemente a dar legitimidade a qualquer coisa – mesmo à mais dolorosa – que seja ou pareça ser inevitável". Conforme diversos relatos dos que presenciaram a deposição de Arbenz em 1954, a teatralidade da guerra psicológica da CIA criou a ilusão não só de uma oposição como de um desdobramento extraordinário dos acontecimentos, de um confronto inevitável, que, efetivamente, transformou agentes potenciais em espectadores passivos. Para não contrariar os militares, os líderes revolucionários reforçaram a atitude de "observar e aguardar", desmobilizando os defensores potenciais e garantindo-lhes que o exército leal estava repelindo os mercenários. A liderança do PGT, por sua vez, foi "pega de surpresa pelos fatos", como diz Alfredo Guerra Borges, um de seus fundadores. O partido dava conselhos incertos a Arbenz e falava em organizar uma resistência armada clandestina, mas, depois de quatro anos no poder, "não tinha sequer um mimeógrafo escondido, um só equipamento clandestino, para não falar em dinheiro, alimento, armas ou qualquer outra coisa indispensável à clandestinidade".

A confusão reforçou os contrarrevolucionários, que logo trataram de preencher o vazio do poder do Estado. Em Alta Verapaz, os políticos locais hostis aos rumos da revolução transformaram os filiados dos partidos políticos em comitês provisórios de defesa anticomunista e assumiram o controle dos órgãos municipais e departamentais. O novo governo instituiu o Comitê de Defesa Nacional contra o Comunismo, outorgando-lhe autoridade tanto jurídica quanto executiva para investigar, prender e julgar os suspeitos de subversão. A Lei Penal Preventiva contra o Comunismo autorizou o comitê a criar um registro "de todas as pessoas que tiveram alguma participação em atividades comunistas" e, em novembro de 1954, com a ajuda da CIA, contava com uma lista de mais de 72 mil nomes. Esse comitê, que funcionou durante dezoito meses, até se converter na Direção Geral de Segurança Nacional, foi o começo da institucionalização do anticomunismo como ideologia do Estado, codificada por uma série de leis e pela nova Constituição de 1956 e executada por um Judiciário e uma burocracia estatal purgados. A lista foi compilada pelo chefe da Segurança Nacional, que coordenava a informação colhida pela CIA, pelos grupos anticomunistas locais e pelo diretor do censo nacional. O comunismo foi definido de maneira tão vaga que um funcionário da embaixada norte-americana se jactou de que, "com essa lei, podemos pegar quem quisermos e mantê-lo preso durante o tempo que quisermos".

Nos meses que se seguiram à renúncia de Arbenz, a polícia, os militares e os grupos vigilantes *ad hoc*, comandados pelos comitês anticomunistas ou por latifundiários privados, assassinaram entre três mil e cinco mil arbenzistas. Na cidadezinha de Escuintla, onde o PGT obteve a maioria em 1953, os líderes foram capturados, torturados e executados. Na fazenda Jocatán, da United Fruit Company, no litoral sul, mais de mil organizadores foram assassinados depois de presos. Na praça principal do vilarejo bananeiro de Morales, o capataz da United Fruit, Rosendo Pérez, disparou a metralhadora no rosto de Alaric Benett, um líder sindical afro-guatemalteco e deputado do PAR. A seguir, executou mais de vinte sindicalistas capturados. Fora esses homicídios em larga escala, a maior parte da violência foi praticada na surdina, contra ativistas incômodos, porém menos proeminentes, que moravam em regiões distantes, fora do alcance da imprensa nacional ou internacional. A pedido da CIA, o *The New York Times* se absteve de enviar jornalistas às áreas rurais após a deposição de Arbenz. Milhares de ativistas urbanos – inclusive Arbenz e a maioria dos líderes do PGT – asilaram-se em embaixadas estrangeiras, e alguns arbenzistas rurais se refugiaram em Belize, no México, em Honduras ou em regiões mais remotas da própria Guatemala. Bem antes que o novo governo anulasse a reforma agrária, os latifundiários trataram de recuperar a terra e o gado, e muitos camponeses que se aliaram à nova ordem aproveitaram a ocasião para acertar velhas contas e roubar a propriedade do vizinho.

Apesar da violência, a maioria dos cerca de doze mil capturados não foi executada. As autoridades provisórias mandaram os arbenzistas locais para a capital e soltaram as lideranças secundárias após alguns meses ou processaram-nas conforme a nova legislação anticomunista. Os julgamentos provinciais serviram menos para aprisionar ou punir os inimigos suspeitos do novo Estado – quase todos os acusados foram postos em liberdade – do que para induzir o arrependimento e a condenação do regime passado e afastar os ativistas camponeses de seus líderes. Em San Pedro Carchá, por exemplo, os anticomunistas prenderam doze membros do sindicato rural da fazenda San Vicente. O interrogatório a que os submeteram consistiu em perguntar-lhes se podiam provar que não eram comunistas, nem militantes do PGT nem que "entretiveram ideias marxistas durante o regime deposto". Obrigados a afirmar a negativa, os acusados não só eram compelidos a negar qualquer relação com o PGT, com o qual, aliás, eles não tinham diretamente nenhum vínculo como a renunciar tanto à *substância* da Revolução de Outubro, ou seja, ao acréscimo dos benefícios materiais, quanto a seu *espírito*, isto é, ao direito à cidadania baseado na participação política. Pedro Moscú disse que nunca se filiou ao partido, mas foi "obrigado a receber uma parcela de terra". Quando lhes perguntavam a que partido pertenciam, todos respondiam que não sabiam o nome. Marcelino Che Bo declarou que os organizadores foram à sua casa "para colher sua impressão digital em um livro, dizendo que, se eu não o fizesse, seria expulso de minha própria casa". Outros invocaram ladinos importantes para testemunhar que eles tinham "bons hábitos", "fé em Deus" e as qualidades de um "bom trabalhador" – contribuindo, efetivamente, para o restabelecimento das relações de patronagem banidas pela Revolução de Outubro.

Para muitos, na Guatemala, o ano de 1954, tal como é lembrado, pôs fim à história e à política. Outros, porém, dos dois lados da cisão revolucionária, viveram aquele ano como uma radicalização de ambas. Para muitos que trabalharam pela mudança social, a memória da Revolução de Outubro reforçou sua decisão, pois confirmou que a reforma era deveras possível. O desejo de recobrar a promessa democrática de 1944 direcionou sua política, assim como a de muitos de seus filhos, nas quatro décadas seguintes. Para os que temiam a mudança, 1954 foi, inicialmente, um alívio bem-vindo. Mas o retorno a um passado idealizado de segurança e submissão mostrar-se-ia não menos utópico do que as esperanças revolucionárias que eles combatiam. Não havia como voltar atrás, e aqueles "amigos da ordem", como Arbenz denominou seus oponentes em 1950, passaram a depender constantemente de novas ideologias, novas tecnologias e cada vez mais dos Estados Unidos para enfrentar os desafios à sua autoridade. Em suma, as expectativas de 1944 seguiram penetrando a realidade de 1954, o que resultou na polarização política que definiu grande parte da guerra fria latino-americana.

3. A CONTRAINSURGÊNCIA DESENFREADA

"Nós enfrentamos dois inimigos", proclamou o líder do Ceua Mario Sandoval Alarcón em 1957, "o primeiro é a reação retrógrada e recalcitrante que governa de chibata na mão. O segundo é a força destrutiva dos valores humanos, cujo sistema de governo consiste na demagogia, na fome e no crime".[1] Esse comentário, ele o fez antes da convenção que batizou o Movimento Democrático Nacional (posteriormente conhecido por seu nome mais infame, o *Movimento de Libertação Nacional*, MLN), que governou a Guatemala de 1954 a 1957. Formado por vários grupos anticomunistas contrários a Arbenz e dirigido por jovens ideólogos como Sandoval Alarcón, que liderou a resistência, o MLN tentou se situar na oposição tanto ao comunismo quanto à ditadura que dominara a Guatemala até 1944. Inspirando-se, contraditoriamente, na democracia liberal, no fascismo espanhol e no catolicismo anticomunista, promoveu, de início, uma visão avançada do desenvolvimento e do nacionalismo. Sandoval Alarcón, por exemplo, foi vivamente aplaudido, em seu discurso de 1957, ao anunciar que o anticomunismo era a favor da "liquidação da injustiça social"; e a plataforma do partido declarava, em 1958, que os "desapossados representam a maioria e a parte mais fraca da sociedade ... Uma democracia verdadeira beneficia a maioria de seus habitantes, fato reconhecido e aceito pelas nações livres do mundo e afirmado pela Declaração Universal dos Direitos Humanos". No entanto, o MLN não tardou a compreender que não era fácil largar a chibata.

---

[1] Quanto às fontes utilizadas neste capítulo, ver Grandin (2004, cap.3). Boa parte deste capítulo se baseia em Figueroa Ibarra (2000); ver também Streeter (2000) e Levenson-Estrada (1994).

Após a fuga de Arbenz, a embaixada dos Estados Unidos entregou a presidência da República a Carlos Castillo Armas, o coronel porta-estandarte do anticomunismo. Mas, uma vez no poder, a coalizão contrarrevolucionária se fragmentou. Apesar de seu apoio nominal ao "sindicalismo livre" e a outras reformas democráticas, Castillo Armas estava muito endividado com uma poderosa coligação econômica para instituí-los seriamente. Essa coligação incluía os membros da oligarquia agrária, agora diversificada em algodão, açúcar, finanças e indústria, e os interesses econômicos dos Estados Unidos, que incluíam tanto o antigo capital da costa ocidental quanto os novos empreendimentos imobiliários de luxo, o gado, a madeira e o petróleo. A despeito da retórica democrática liberal usada para combater Arbenz, as elites nacionais estavam pouco dispostas e, ao mesmo tempo, demasiado coagidas pelas imposições do capital estrangeiro para implementar um programa reformista capaz de legitimar o governo ou gerar estabilidade nacional. Enquanto pacificava a força de trabalho e restaurava amplamente o sistema de propriedade agrária anterior a Arbenz, o governo deixou de lado o estridente anticomunismo do MLN. Nas Forças Armadas, não tardaram a surgir tensões entre os oficiais que viam o Exército como uma instituição com interesses próprios e os que gravitavam rumo ao MLN e queriam usá-lo como um instrumento da classe dos latifundiários. Um setor importante da Igreja Católica, assim como os sindicatos e partidos políticos a ela ligados, passou a repudiar o ultraconservadorismo de Rossell e tomou um caminho que daria na militância revolucionária, afastando-se inteiramente da "bela visão" do arcebispo, como formulou Sandoval Alarcón. De sua parte, Washington se distanciou do movimento anticomunista cada vez mais militante e, supostamente, aderiu a metas de modernização, mas recusou-se a apoiar seriamente qualquer reestruturação econômica ou política que enfraquecesse o poder dos elementos mais recalcitrantes da Guatemala, os quais, afinal, os Estados Unidos passaram a encarar como um respaldo imprescindível contra o comunismo. Do mesmo modo, a esquerda ressurgida – que se tornava cada vez mais ativa e propensa a pegar em armas – contava com muito apoio no campo e podia se apresentar como defensora da justiça social e da liberdade com mais legitimidade do que o MLN.

A partir do assassinato de Castillo Armas por seu guarda-costas em 1957, os estudantes anticomunistas que haviam combatido Arbenz viram-se cada vez mais alienados do poder do Estado. O MLN continuava engajado na política, usando seus vínculos com os militares, com o campo e com a elite para influenciar os sucessivos governos. Entre 1966 e 1974, Sandoval Alarcón foi presidente do Congresso e vice-presidente da República. Sem embargo, em 1958, com a eleição do presidente Miguel Ydígoras Fuentes, que representava a ala menos extremista da coligação contrarrevolucionária, o MLN não só retornou às raízes insurgentes, mas também abandonou o empenho em se plasmar como um agente da democracia liberal progressista, transformando-se num brutal defensor da oligarquia agrária.

Voltou-se para o campo. Pouco depois da Revolução Cubana e muito antes que a esquerda tomasse tal atitude, Raúl Estuardo Lorenzana, um membro do MLN que posteriormente fundaria o primeiro esquadrão da morte da Guatemala, organizou, em fevereiro de 1959, um efêmero foco guerrilheiro denominado Ação Nacionalista para derrubar o governo. Embora a iniciativa tenha fracassado, o MLN construiu efetivamente uma base social que ligava os fazendeiros, a oficialidade provincial e organizações paramilitares comandadas por militares comissionados. Até 1954, havia cerca de um comissionado para cada um dos trezentos municípios da Guatemala, a maioria deles ocupada em recrutar para o serviço militar e exercer uma frouxa vigilância. Em 1966, esse número havia crescido para nove mil. Fortalecidos por novos poderes legais, os comissionados alinhavam os interesses militares aos do latifúndio. Tinham o duplo papel de espiões e seguranças das fazendas, trabalhavam em colaboração estreita com os oficiais regionais do Exército e organizavam os camponeses em grupos de vigilantes, principalmente na parte oriental do país, onde os rebeldes passaram a operar no início da década de 1960 e onde era muito viva a lembrança da reforma agrária. Essa rede serviu de resposta contrarrevolucionária aos CALs, aos sindicatos e aos partidos políticos do período 1944-1954. A embaixada norte-americana estimava que, na Guatemala oriental, entre três mil e cinco mil comissionados trabalhavam com "os comandantes locais do Exército como fontes de informação e auxiliares paramilitares nas operações de contrainsurgência. Muitos *comisionados* são membros ou adeptos do MLN e manifestam um anticomunismo virulento e indiscriminado". Em certos lugares, a estrutura local de vigilantes do MLN acabou se transformando num verdadeiro Estado. Em uma cidadezinha litorânea, um trabalhador rural lembra que os comissionados "mantinham todo mundo amarrado. Nós precisávamos andar com a carteirinha de membro do MLN para não ter problemas. Ela valia mais do que o documento de identidade".

A partir da metade da década de 1960, esquadrões da morte e grupos paramilitares desencadearam uma repressão horrenda contra os suspeitos de apoiar a guerrilha, servindo de linha de frente na campanha militar contra a pequena, mas crescente, insurgência. Na cidade, em colaboração com a polícia e as unidades militares, o MLN agia com o nome de Mão Branca, referência à estrutura de célula de cinco membros. Composta de oficiais do Exército, financiada pelos latifundiários e abastecida de informação pelos serviços de inteligência militar, a Mão Branca iniciou uma campanha de "sequestros, tortura e execuções sumárias", no dizer do Departamento de Estado. Com as informações obtidas com a inteligência militar, a Mão Branca publicava listas de "condenados à morte", dando-lhes uma brevíssima oportunidade de sair do país. Apareciam corpos mutilados nas ruas das cidades e nas estradas do campo. No entanto, além de atacar a esquerda proscrita, o MLN também dizimou o anticomunista Partido Revolucionário (PR), o mais importante partido reformista autorizado a funcionar depois de 1954 e o principal rival do MLN nas áreas rurais. A embaixada dos Estados Unidos relatou que a Mão Branca e os comissionados militares se "uniram em certas regiões e estão empreendendo operações (assassinatos etc.) contra líderes e membros do PR". Em muitas áreas rurais, o PR se construiu sobre o alicerce então clandestino, mas ainda existente, criado pela reforma agrária. Em resposta, os latifundiários intensificaram a busca do apoio camponês. Em San Vicente Pacaya, por exemplo, Manuel Jesús Arana recuperou a terra que lhe foi tomada durante a reforma agrária, no entanto deu pequenos lotes a 33 famílias, que ingressariam no MLN. Ao longo da década de 1960, aumentou a tensão entre esses camponeses do MLN e os arbenzistas transformados em ativistas do PR. Arana era tio do coronel Carlos Arana, o famigerado comandante do MLN da base militar de Zacapa que se tornou presidente em 1971. Imediatamente após a posse deste em janeiro, um destacamento do Exército, auxiliado por comissionados locais do MLN, ocupou San Vicente Pacaya durante mais de um mês, estuprando as mulheres, capturando e torturando dezenas de camponeses e executando pelo menos dezessete membros do PR, muitos dos quais, no tempo de Arbenz, tinham envolvimento com o CAL da cidadezinha ou com o sindicato rural. A violência destruiu o Partido Revolucionário em San Vicente Pacaya e pôs fim a todo esforço legal de atingir o campo.

Na esteira de 1954, as forças e ideias revolucionárias e contrarrevolucionárias nutriam-se reciprocamente, levando a uma espiral de crise e terror. No entanto, muito mais do que a esquerda, foi a guarda avançada da direita que impulsionou esse ciclo, seu absolutismo militante sem peias numa sociedade e numa ordem política que não permitiam nenhuma reforma. Na metade da década de 1960, o MLN havia abandonado a postura progressista e se convertera num vingativo protetor dos latifundiários, seu antigo discurso de justiça e modernização degenerou para o virulento linguajar da "luta armada sem quartel, uma verdadeira cruzada nacional". Havia se transformado, como proclamou Sandoval Alarcón, no "partido da violência organizada", numa "vanguarda do terror".

A contrainsurgência, como diz um memorando do Departamento de Estado norte-americano, estava "desenfreada" (National Security Archives, 1967).

A Operação Limpeza

Talvez um fato dê uma ideia melhor das repercussões políticas dessa nova ordem contrainsurgente: o primeiro desaparecimento coletivo da guerra fria latino-americana produzido por contrainsurgentes.

Em novembro de 1960, uma revolta de quase um terço dos militares contra a corrupção do governo resultou na expulsão das fileiras do exército dos reformistas potenciais que haviam sobrevivido à contrarrevolução de 1954, ficando em seu lugar um corpo de oficiais corruptos, oportunistas e ainda mais brutais. Em 1962, as generalizadas manifestações urbanas enfraqueceram o presidente Ydígoras Fuentes, confirmando o consenso crescente, compartilhado pelas elites nacionais e os funcionários norte-americanos, de que ele precisava se afastar. Os dois fatos aumentaram o efeito tóxico do anticomunismo que, na esteira da Revolução Cubana, se elevara aos mais altos níveis. Agora, toda revolta, protesto ou movimento de oposição, por pacífico e explicitamente anticomunista que fosse, era considerado, tanto pelos guatemaltecos quanto pelos funcionários norte-americanos, "instigado" ou "inspirado" por Cuba. E mesmo quando reconheciam que a oposição era interna e espontânea, os funcionários norte-americanos receavam que tais movimentos fossem usados pelo PGT para pavimentar seu caminho de volta à legalidade e à influência. Embora admitisse que Cuba nada tinha a ver com a revolta militar de 1960, o diretor da CIA, Allen Dulles, sabia que a "castrite" estava contaminando toda a América Central.

Eisenhower mandou o Departamento de Estado reforçar o sistema de inteligência da Guatemala a partir de 1960, contudo os funcionários norte-americanos se queixavam continuamente de que Ydígoras se recusava a colaborar plenamente com tal esforço. E este caiu ainda mais no conceito dos Estados Unidos por causa da brutalidade com que reagiu às manifestações de 1962, coisa que, além de não ter servido para diminuir a agitação, deixou numerosos mortos e feridos. O pessoal da embaixada usou o fato para argumentar que uma força policial modernizada e profissional seria mais capaz de conter a subversão. O esperado retorno de Juan José Arévalo do exílio, para participar das eleições presidenciais previstas para 1963, aumentou a inquietude dos Estados Unidos, pois, embora o ex-presidente fosse declaradamente anticomunista, seus pronunciamentos anti-imperialistas estavam se tornando cada vez mais enfáticos. "Muita gente acredita que Arévalo provavelmente será eleito presidente da Guatemala", informou o secretário da embaixada, mas, "seja como for, a equipe no país e a comunidade norte-americana na Guatemala e, mais do que isso, muitíssimos guatemaltecos acreditam que ele é o [candidato] menos desejável, para dizê-lo com brandura". Em outubro de 1962, os Estados Unidos resolveram "dissuadir, por todos os meios disponíveis, Juan José Arévalo de voltar à Guatemala ou de se candidatar a presidente da República" e "envidar todos os esforços para impedi-lo de chegar ao cargo".

Em março de 1963, um golpe militar depôs Ydígoras e instalou o coronel Enrique Peralta Azurdia na presidência. No passado, oficiais do Exército tinham sido presidentes, no entanto, o regime de Peralta, de 1963 a 1966, elevou a um novo patamar a militarização da vida política e econômica da Guatemala. Dali por diante, o Exército governaria como instituição, direta ou indiretamente, controlando a burocracia do governo, organizando projetos de modernização em larga escala, fundando bancos e outras empresas financeiras e montando um Estado contrainsurgente. O golpe agradou o Departamento de Estado, que observou que, "com a eliminação da ameaça do retorno de Arévalo ao poder pelas eleições marcadas para 1963, o objetivo principal imediato do nosso Plano de Defesa Interna foi efetivamente atingido". Decisivo para esse plano e para o empenho em robustecer as forças de segurança nacionais do Terceiro Mundo era o aumento da capacidade de inteligência da Guatemala. O golpe permitiu que os Estados Unidos intensificassem a ajuda ao Exército e à polícia. Enviaram instrutores e equipamento para auxiliar o Exército a erradicar as Forças Armadas Rebeldes (FAR), treinaram oficiais e soldados em bases militares dos Estados Unidos e na Zona do Canal e financiaram programas de "ação cívica" militar destinados a ganhar "corações e mentes" na população rural. Os consultores ajudaram a estabelecer um conselho de defesa de âmbito centro-americano, que coordenaria as atividades contrainsurgentes em toda a região, forneceria equipamento, tecnologia e dinheiro para criar um sistema regional de comunicações e treinaria a polícia nas mais modernas táticas de controle de multidões e levantes.

Enquanto isso se preparava, a embaixada se distanciava da violência mais indiscriminada dos esquadrões da morte e dos grupos paramilitares do MLN. Os funcionários admitiam, ocasionalmente, que tal repressão operava em coordenação com o Exército ou sob seu comando direto e que as listas de vítimas, comunistas ou não, eram compiladas do sistema de inteligência que eles haviam ajudado a montar. Os analistas do Departamento de Estado tentaram manter uma divisão retórica entre a violência vingativa, que estava dizimando reformistas aceitáveis, e os procedimentos mais precisos de contrainsurgência dirigidos contra o PGT e as FAR. No entanto, o próprio processo de profissionalização tornava essa distinção cada vez mais irrelevante. O terror privado executado pelo MLN, uma vez que serviu a seu propósito de destruir a base social das FAR, foi submetido diretamente ao controle militar. Porém, era impossível eliminar o PGT e as FAR sem drenar o mar democrático maior do qual eles eram parte.

Atendendo a uma solicitação do embaixador Gordon Mein, John Longan chegou da Venezuela, no fim de novembro de 1965, para treinar as autoridades guatemaltecas em "técnicas e métodos de combate ao terrorismo e às táticas de sequestro e extorsão". No meado da década de 1960, a expansão das operações das FAR no campo coincidiu com o aumento da violência revolucionária urbana. Os jovens do PGT e os membros das FAR sabotavam torres de alta tensão, às vezes atacavam instalações militares e foram os primeiros guerrilheiros latino-americanos a assaltar bancos e sequestrar membros das famílias ricas para financiar suas operações. Apesar da boa vontade que inicialmente tiveram com o governo Peralta, no começo de 1965 os funcionários norte-americanos continuavam sentindo que ele não conseguira atingir o objetivo central de criar um sistema de inteligência "digno desse nome", capaz de colher, analisar e armazenar informação e de agir com um método rápido e preciso. A embaixada também se queixava da incompetência e da corrupção flagrantes que envolviam a polícia em muitos assaltos e sequestros publicamente atribuídos à esquerda.

Ao chegar, Longan detectou a necessidade de um "trabalho elementar e fundamental de organização, coordenação e atividade policial básica". No dia 5 de dezembro, ministrou o primeiro de uma série de seminários com os chefes da Polícia Judiciária e da Polícia Nacional, oficiais, inclusive o coronel Rafael Arriaga Bosque, e dois outros especialistas norte-americanos em segurança pública. Longan apresentou planos que combinavam operações "abertas" e "fechadas" chamadas coletivamente "Operação Limpeza". Na fase aberta, "o Exército, a Polícia Judiciária e a Polícia Nacional" executariam "varreduras" em "regiões suspeitas, esperando que alguns elementos criminosos ou subversivos caíssem na rede e conduzissem a outras aberturas".[2] Longan instruiu os oficiais para uma manobra chamada "plano de área congelada", que consistia em isolar uma área com um raio de quatro quarteirões, estabelecendo um perímetro externo, e revistá-la em busca de subversivos e informação. No lado "fechado", Longan recomendou a criação de uma pequena "unidade de ação para dirigir campanhas contra o terrorismo, a qual teria acesso a toda a informação das agências de polícia...". Uma equipe de "investigadores confiáveis" trabalharia numa "sala especial chamada 'A Caixa'", um centro nervoso em funcionamento 24 horas por dia, dotado de equipamento de telecomunicações e vigilância eletrônica, cuja equipe se constituiria de coronéis e capitães do Exército e que ficaria em Matamoros, o quartel-general do Exército, no centro da capital. A responsabili-

---

[2] Os documentos norte-americanos liberados pertencentes à Operação Limpeza estão reimpressos em Grandin (2001).

GREG GRANDIN

dade por toda a operação, inclusive o comando da "Caixa", foi entregue a Arriaga Bosque, o comandante de Matamoros. Os lados aberto e fechado da operação proposta se complementavam. As informações colhidas nas amplas varreduras do plano de área congelada eram encaminhadas à "Caixa" para serem analisadas e desdobradas em reides clandestinos mais direcionados, os quais, por sua vez, forneceriam informação para incursões maiores.

Em janeiro de 1966, a embaixada estava satisfeita com o resultado. "Arriaga parece estar fazendo um trabalho relativamente bom", dizia um relatório, observando que

> atualmente, a Polícia Nacional e a Judiciária ... estão realmente colaborando entre si e com o Exército (polícia do Exército) tanto na coleta, análise de informação quanto em operações reais ... Sob o comando de Arriaga, as forças de segurança estão empreendendo "varreduras" de larga escala nas regiões urbanas suspeitas.

No fim de fevereiro, haviam-se realizado oito incursões e várias execuções. E, em março de 1966, às vésperas da eleição de Méndez Montenegro, a Operação Limpeza teve seu sucesso mais impressionante. No dia 2 de março, os militares e a polícia capturaram três líderes guerrilheiros. No dia 3, a polícia prendeu Leonardo Castillo Flores e outros três membros do PGT-FAR no litoral sul. No dia seguinte, agentes especiais de segurança chegaram da capital para interrogar os presos, os quais, segundo um documento da CIA, aparentemente deram informação sobre "aparelhos" na cidade da Guatemala. No dia seguinte, a polícia e o Exército detiveram diversas lideranças do PGT, inclusive Víctor Manuel Gutiérrez, o chefe da confederação sindical durante o governo Arbenz, e um líder da ala mais conservadora do partido. Em 5 de março, as forças de segurança haviam capturado muitos militantes do PGT e de seu braço armado, as Forças Armadas Rebeldes (constituídas, em sua maior parte, por jovens militantes influenciados pela Revolução Cubana), assim como alguns trotskistas, em operações coordenadas em todo o país, inclusive na capital, no litoral sul, em Zacapa, San Agustín

Acasaguatlán e El Progreso. A tão reiterada meta dos Estados Unidos de um uso eficaz da inteligência e de operações coordenadas entre a polícia e o Exército e entre o campo e a cidade tinha se tornado uma realidade.

A Polícia Judiciária levou Gutiérrez a seu quartel-general, no centro da cidade, e o submeteu a uma tortura apelidada *la capucha*. Encapuzaram-no e lhe aplicaram choques elétricos, os quais, segundo uma testemunha, Gutiérrez, que era cardíaco, não suportou. As forças de segurança transferiram a maior parte dos capturados na capital para a base militar de Matamoros, onde ficava "A Caixa". Lá os interrogavam, torturavam e executavam; seus corpos eram colocados em sacos e jogados no Pacífico. Anos depois, Longan recordou que o mar devolveu alguns cadáveres à praia. Posto que se desconheça o número exato, sabe-se que, juntamente com Leonardo Castillo Flores, chefe da federação camponesa da Guatemala no tempo de Arbenz, e Gutiérrez, a polícia e o Exército assassinaram pelo menos trinta pessoas em quatro dias. Em julho, um desertor da Polícia Nacional revelou ao jornal *El Gráfico* que as ordens de execução tinham sido dadas por Arriaga Bosque, o homem encarregado da nova "unidade de ação" dos Estados Unidos. Os funcionários da embaixada norte-americana admitiram que a matança foi realizada sob os auspícios da Operação Limpeza. O relatório de março da embaixada, que numerava seus parágrafos, afirmava, no parágrafo 4, que o governo da Guatemala obtivera "um sucesso considerável ao capturar vários líderes comunistas, inclusive Víctor Manuel Gutiérrez [e] Leonardo Castillo Flores". O parágrafo 23 observa, friamente, que a polícia "empreendeu oitenta batidas no mês passado, utilizando o 'plano de área congelada'. As operações foram produtivas em capturas (ver parágrafo 4)".

Ocorridas literalmente às vésperas da eleição de um presidente – Julio César Méndez Montenegro – que, durante a campanha, prometera iniciar negociações com a guerrilha, tudo indica que as execuções tinham o objetivo de impedir uma solução pacífica para o conflito armado cada vez mais intenso. Aliás, Gutiérrez era um dos principais defensores da negociação do fim do conflito armado nascente e da recondução do PGT à legalidade. A CIA e o Departamento de Estado também receavam que o apoio da esquerda a Méndez provocasse uma reação militar ou pavimentasse o caminho do retorno do PGT à legalidade.[3] Os militares guatemaltecos, por sua vez, depois da eleição, obrigaram o presidente eleito a firmar um "pacto secreto". O Exército concordava em deixar os civis recém-eleitos tomarem posse de seus cargos. Em troca, o novo presidente se comprometia a não negociar com "subversivos" e a dar plena autonomia aos militares, assim como a oferecer toda a "ajuda necessária para eliminar" a guerrilha.

A Operação Limpeza foi um passo decisivo rumo ao fortalecimento de um aparato de inteligência que continuaria mudando e expandindo-se ao longo de todo o conflito armado da Guatemala, a pedra angular de uma repressão estatal que, no fim da guerra, era responsável por mais de duzentas mil mortes e incontáveis torturas. Ela investiu Arriaga Bosque de um poder assustador; o novo presidente civil não tardaria em nomeá-lo ministro da Defesa, o qual a embaixada dos Estados Unidos elogiou, em setembro de 1966, como um dos "líderes mais eficientes e esclarecidos" da Guatemala. Em outubro, alguns meses depois das execuções de março, ele empreendeu, com a ajuda do MLN, a primeira campanha de terra arrasada do país, exterminando oito mil pessoas para derrotar algumas centenas de guerrilheiros das FAR. Logo depois dessa bem-sucedida campanha, Arriaga Bosque consolidou a autoridade militar sobre a Mão Branca e outros grupos de direita. À medida que a guerra

---

[3] Ver National Security Archives. Central Intelligence Agency, Guatemala on the eve of the elections", 5 de março de 1966. Pela data, o documento foi redigido pouco antes dos assassinatos de março. Infelizmente, as três páginas que se seguem à preocupação com a possibilidade de o PGT apoiar Méndez Montenegro publicamente foram totalmente removidas, de modo que não se pode saber que soluções a CIA propôs. Originalmente, esse documento foi liberado pela Lyndon Baines Johnson Presidential Library. Quando o solicitei diretamente à CIA, mediante o Freedom of Information Act, os mesmos trechos foram suprimidos.

prosseguia, os desaparecimentos individuais e coletivos passaram a ser a marca registrada do terror guatemalteco, inclusive a execução extrajudicial, em 1972, de quase todo o comitê central do PGT e, em 1980, a captura de 43 sindicalistas em duas operações separadas. Tal como os assassinatos de 1966, o terror subsequente radicalizou os democratas e intensificou a polarização da política interna, coisa que a CIA reconheceu muitas vezes.[4] Dois anos depois das mortes, o próprio Longan admitiu que "parece evidente" que as forças de segurança guatemaltecas "continuarão a ser usadas, como no passado, não tanto como protetoras da nação contra a escravização comunista, mas como opressoras oligarcas da mudança social legítima".

A diferença da Operação Limpeza pode ser avaliada pelo fato de que, apenas três anos antes, em 1963, a polícia capturara Gutiérrez, mas o havia colocado à disposição da Justiça em razão de uma ordem judicial. Dessa vez, apesar dos pedidos do novo arcebispo da Guatemala e dos mais de quinhentos *habeas corpus* impetrados, o Estado permaneceu calado. Agora a luta era de morte.

Assim como a deposição de Ubico assinalou a primeira e mais duradoura experiência democrática na América Latina do pós-guerra e a sua destruição dessa experiência, em 1954,

---

[4] Os analistas da CIA (em National Security Archives, 1965) tiveram a astúcia de reconhecer as consequências políticas da violência do Estado. Oito meses antes dos desaparecimentos de março de 1966, a Agência registrava que a influência dos "moderados", no PGT, estava muito debilitada por causa da repressão estatal. Também se acreditava que a "exclusão de quase todos os grupos *partisans* considerados 'seguros' pelo atual governo representa, tanto para os liberais moderados quanto para os extremistas, um compromisso com um *status quo* intolerável. Há algum tempo que está claro para a maioria dos partidos liberais que eles não têm chance, a curto prazo, de chegar ao poder por meios legais. A maior parte dos grupos moderados, embora reconheça que a subversão é o único caminho viável nesta época, receia se envolver seriamente com a conspiração em vista da relativa eficiência do aparato de segurança. Por outro lado, é possível que o governo se tenha encurralado a si mesmo. A renovada restrição às liberdades civis sob a lei marcial ... pode muito bem levar grupos normalmente moderados à violência".

marcou a primeira intervenção norte-americana da guerra fria no hemisfério, a Operação Limpeza de 1966 marcou um passo decisivo na radicalização do continente. Impulsionou um sistema de inteligência que, no curso da guerra civil da Guatemala, contaminou o corpo político mostrando-se capaz e disposto a empreender a campanha talvez mais cruel de repressão do Estado na América Latina do século XX. Pressagiou a instalação de Estados do terror contrarrevolucionário em grande parte do continente, mais notoriamente no Brasil em 1968, no Chile e no Uruguai em 1973, na Argentina em 1976, e em El Salvador no fim da década de 1970. Embora ditadores latino-americanos como Trujillo, Batista e Somoza tivessem praticado durante muito tempo sequestros extrajudiciais, tortura e execuções, os regimes militares contrainsurgentes, utilizando o trabalho de agências de inteligência tecnicamente equipadas e ideologicamente armadas, aperfeiçoaram a marca característica da violência da guerra fria: o desaparecimento literal dos adversários políticos.[5] Os *desaparecimentos* criavam um clima de incerteza e confusão, no qual o Estado "podia negar seus crimes porque não havia prova concreta, nenhum cadáver, nenhuma prisão, nenhuma acusação formal, nenhum julgamento e nenhum encarceramento" (Hollander, 1997, p.102). Os *desaparecidos* deixavam parentes e amigos que consumiam suas energias negociando com o governo, a polícia e a burocracia militar unicamente para ouvir que seu ente querido provavelmente estava em Cuba, fora recrutado pela guerrilha ou tinha fugido com uma amante. Os familiares dos que foram sequestrados em março de 1966 impetraram mais

---

[5] Huggins (1998, p.119-40) analisa a implementação da Operação Limpeza no Brasil entre 1964 e 1966, a qual, como a subsequente edição guatemalteca, implicou especialistas norte-americanos em segurança pública trabalhando com as forças de segurança brasileiras para racionalizar a comunicação dos serviços de inteligência, coordenar as operações policiais e militares e executar "vastas revistas, apreensões e prisões em massa" de nada menos que cinquenta mil brasileiros. A operação visava neutralizar os adeptos do recém-deposto presidente reformista João Goulart. No entanto, as execuções e o desaparecimento de ativistas políticos só começaram de maneira sistemática a partir de 1968.

de quinhentos *habeas corpus* que só tiveram por resposta o silêncio do Estado. O governo assassinou duzentas mil pessoas na Guatemala, trinta mil na Argentina, cinquenta mil em El Salvador e pelo menos três mil no Chile. Em todo o continente, as forças de segurança torturaram outras dezenas – possivelmente centenas – de milhares. Em grande medida, foi a *expertise* fornecida pelos Estados Unidos, inclusive o treinamento ministrado por homens como Longan, que possibilitou esse terror em escala industrial. Depois da custosa Guerra da Coreia, a política externa dos Estados Unidos procurou evitar os assaltos frontais contra o comunismo, adotando métodos mais indiretos para conter a subversão, especialmente aumentando a capacidade de segurança interna dos aliados. Em sua esfera de influência no Terceiro Mundo, os Estados Unidos contribuíram para criar e reforçar agências centrais de inteligência. Mediante o financiamento e o treinamento, seus agentes estimularam os funcionários locais a se abaterem de práticas criminosas e, em interesse próprio, a adotarem atitudes mais profissionais. Os consultores norte-americanos, tal como Longan, coordenaram as atividades da polícia com as dos militares, montaram centros de comando e unidades capazes de analisar e armazenar rapidamente a informação colhida em diversas fontes e treinaram as forças de segurança nacionais para executar operações contra os suspeitos de subversão. Os Estados Unidos equiparam as agências de inteligência com telefones, rádios, veículos, armas, munições, equipamento de vigilância, explosivos, câmeras, máquinas de escrever, papel-carbono, armários de arquivos e treinamento. Na Argentina, os agentes norte-americanos trabalhavam com a Secretaria de Inteligência do Estado; no Chile, com a Direção Nacional de Informação; no Brasil, com o Serviço Nacional de Informações; no Uruguai, com a Direção Nacional de Informação e Inteligência; em El Salvador, com a Agência Nacional de Serviços Especiais. Na década de 1980, a CIA apoiou a Operação Condor – um consórcio de inteligência concebido por Pinochet, que coordenava as atividades de muitas agências de segurança do continente – e orquestrou uma campanha internacional de terror e assassinatos.

"A Guatemala é uma sociedade violenta", escreveu o Departamento de Estado norte-americano, em 1986, num apanhado retrospectivo de duas décadas de terror do Estado.[6] O documento prossegue explicando essa violência:

A aceitação e o uso conscientes da violência como instrumento político contribuem com a extraordinária quantidade de assassinatos, sequestros e desaparecimentos.

Empregada sistematicamente pelas forças de segurança contra o Partido Comunista e os militantes da esquerda moderada no começo de 1966, a prática do sequestro foi se institucionalizando com o tempo...

As variáveis econômicas ou políticas não explicam os elevados níveis de violência no país. Na África, na Ásia e na América Latina, nações igualmente pobres apresentam níveis de violência mais baixos. É provável que a explicação do alto nível de violência no país esteja em fatores culturais e sociológicos exclusivos. A Guatemala se distingue dos outros países centro--americanos pela dualidade de sua cultura, na qual uma rica minoria ladina convive com uma maioria indígena empobrecida e amplamente marginalizada da vida política e econômica nacional ... O uso da violência para decidir disputas de qualquer natureza é aceito na cultura indígena da Guatemala.

O sistema de *plantation*, que gerou, historicamente, as exportações e a riqueza do país, depende do trabalho indígena...

O medo da revolução provém do período Arbenz, quando se envidaram os primeiros esforços políticos sérios no sentido de envolver os camponeses e os indígenas na vida nacional ... Com a queda de Arbenz em 1954, salvar o país do comunismo e os interesses pessoais próprios combinaram-se para formar uma psicologia que leva a apoiar a repressão física dos operários e dos camponeses em nome do anticomunismo.

Nesse documento e em muitos outros parecidos, a projeção imaginativa de propensões violentas sobre os guatemaltecos apoiou a amnésia oficial com relação à conivência dos Estados Unidos com a repressão – amnésia essa que, para usar uma expressão do próprio documento, foi se institucionalizando com

---

[6] National Security Archives (1988), liberado em 29 de junho de 1995.

o tempo. A negação transformou-se em amnésia. Ao reconhecer a importância dos anos de 1954 (a deposição de Arbenz) e de 1966 (Operação Limpeza), a análise tem o cuidado de omitir toda e qualquer ação empreendida pelos Estados Unidos nessas duas contingências. E, excluindo os Estados Unidos da narrativa, uma crítica bastante aguda de como o anticomunismo foi usado para proteger privilégios econômicos e políticos de uma elite estabelecida se converte numa duvidosa antropologia de botequim sobre "fatores culturais e sociológicos exclusivos" da Guatemala – uma antropologia que atribui aos indígenas a responsabilidade pelos desaparecimentos causados pelos contrainsurgentes. Aqui a brutalidade é uma herança (legado hereditário) do passado à qual a Guatemala está presa. Sua incapacidade de se modernizar, de ir além da particularidade nativa e de adotar um pluralismo tolerante, ao estilo dos Estados Unidos, explica, ou melhor, serve de pretexto para um mergulho no terror político inaugurado com a participação ativa dos Estados Unidos.

Em vez de um retorno ao passado, a contrarrevolução guatemalteca desembocou num mundo novo e profundamente polarizado. De um lado, a cisão da guerra fria sustentou a coalizão que alijou Arbenz do poder. Fragmentados em interesses e visões concorrentes, incapazes de estabelecer uma coligação governante estável nem legitimidade política, perseguidos pelo legado de Arévalo e Arbenz e atemorizados por uma renascida militância de esquerda nacional e continental, os contrarrevolucionários aderiram ao terror com tal zelo que, às vezes, até mesmo os Estados Unidos empalideciam. Do outro lado estavam os diversos herdeiros da Revolução de Outubro. Foi uma ironia que escapou aos consultores de segurança norte-americanos o fato de os comunistas – "o alvo original do 'terror branco'", segundo o Departamento de Estado – não poderem reclamar essa herança porque não tinham tanta vontade de recorrer à violência quanto os seus adversários. Outros se incumbiriam dessa tarefa.

4. A revolução no campo:
a ascensão de uma nova esquerda

Se, como discutimos no capítulo anterior, o Estado guatemalteco tratou de se reequipar para enfrentar o desafio da esquerda do pós-guerra, também esta passou por uma transformação profunda nas décadas de 1960 e 1970. Deixando de se concentrar exclusivamente na classe e no desenvolvimentismo, incorporou uma crítica do racismo e, além do proletariado urbano, identificou no campesinato um agente revolucionário potencial. Com a radicalização da Igreja Católica, que tomou o nome de teologia da libertação, a organização política passou a significar mais do que a mera mobilização das massas a fim de realizar reformas imediatas ou mudanças estruturais em larga escala. Passou a significar o desafio às dimensões psíquicas da subjugação, insistindo no que é inerente a todos os seres humanos e ajudando os indivíduos historicamente marginalizados a serem pensadores críticos com capacidade de agir no mundo e de alterá-lo.

O retorno dos reprimidos

O recurso à violência por parte do Partido Comunista foi menos seguro e mais tortuoso do que no caso do MLN. Em 1952, com apenas três anos de existência, mas com influência e poder maiores do que a idade e a experiência fariam supor, o partido realizou seu segundo congresso, conclamando uma ampla aliança nacional com os partidos democráticos para pôr fim ao feudalismo no campo, estabelecer a independência política e promover a modernização econômica. Embora acreditassem que o socialismo mundial era inevitável, seus dirigentes tinham pouquíssimo contato com a União Soviética ou com outros países do bloco oriental. E, embora a hostilidade dos Estados Unidos e o empenho das elites em obstar a reforma exacerbassem sua retórica anti-imperialista e de luta de classes, nenhum desses sentimentos integrava a visão do PGT do desenvolvimento ou da democracia (a não ser, talvez, em seus ataques à classe dos latifundiários). Por ingênuo que isso fosse, as lideranças adotaram uma visão terminal, mas ainda poderosa, de frente popular, na qual os Estados Unidos faziam parte do mundo democrático moderno, e o socialismo, quando viesse, seria a evolução natural desse mundo. Dois anos depois, tal visão jazia em ruínas, e Arbenz e seus assessores comunistas, assim como muitos ativistas não comunistas como Leonardo Castillo Flores e Joaquín Noval, estavam mortos, exilados, refugiados em embaixadas estrangeiras ou encarcerados.

Entre os adeptos da Revolução de Outubro, 1954 suscitou análises para verificar o que deu errado. Na "autocrítica" de 1955, o partido, tendo examinado os erros cometidos durante a presidência de Arbenz, adotou uma postura mais militante, anti-imperialista e antiburguesa. Embora o documento não fale em luta armada, nessa análise estava implícita a opinião de que não se podia realizar a mudança mediante eleições. Ao mesmo tempo, intelectuais marxistas e não marxistas exilados começaram a publicar críticas parecidas, censurando Arbenz e o partido por não terem enxergado a ameaça imperialista, por haverem confiado no Exército e na burguesia e, especialmente, por não terem criado milícias populares armadas. Por exemplo, Alfonso Bauer Paiz esboçou uma análise do "imperialismo monopolista", segundo a qual, a confluência de interesses do Departamento de Estado norte-americano, das elites econômicas locais e dos monopólios estrangeiros, sobretudo da United Fruit Company, jamais permitiriam o amadurecimento de reformas como as empreendidas pela Revolução de Outubro.[1]

No entanto, apesar dessa amargura, alguns comunistas conservaram o apego original a um socialismo democrático que combinasse, humanamente, internacionalismo com patriotismo, cosmopolitismo com localismo, solidariedade com indivi-

---

[1] Ver a discussão em Figueroa Ibarra (2000).

dualidade. Exilado no México, Huberto Alvarado Arellano, um dos fundadores do partido, compôs, enquanto se adaptava ao "império da intimidação", um tratado sobre Walt Whitman, no qual incorporava essa visão.

> A cultura universal é forjada a partir das culturas nacionais. Para ser universal, é preciso ser de algum lugar ... Walt Whitman celebrava ideias democráticas e progressistas ... exaltava o indivíduo, mas escrevia para milhões ... neste momento sombrio e rutilante, em que se abrem novos caminhos para a destruição e a morte, também há um horizonte luminoso ... é imperativo retomarmos as lições do grande poeta norte-americano e recordarmos sua previsão de que as mais doces canções continuam sendo cantadas. (Alvarado Arellano, 1955, p.1, 5, 20)[2]

Em 1958, o PGT se havia reagrupado e começava a crescer a partir do exílio. Nele ingressaram ativistas e intelectuais importantes, que não militavam antes de 1954, como Castillo Flores e Noval, antropólogo e ex-diretor do Instituto Indigenista da Guatemala. Com a morte de Castillo Armas em 1957, os ativistas voltaram a atravessar a fronteira da Guatemala e restabeleceram contatos em San Marcos, Escuintla, Quetzaltenango, na capital e nos departamentos orientais de Zacapa e Izabál. Em 1960, havia aproximadamente seiscentos militantes em atividade no país.

Apesar da postura oficial mais combativa e do triunfo da Revolução Cubana em janeiro de 1959, o partido estava longe de firmar posição quanto à luta armada. Em 1960, chegou a adotar uma resolução que endossava "todas as formas de luta, de acordo com a situação concreta", coisa que muitos interpretaram como apoio a uma revolução ao estilo cubano. Todavia, era difícil transpor essa nova resolução para a ação. Curiosamente, os que ingressaram depois de 1954, como Castillo Flores e Noval, eram mais beligerantes do que muitos dos fundadores e dirigentes do partido. Mesmo entre os adeptos da luta armada,

---

[2] Os documentos liberados se encontram no National Security Archive de Washington, uma organização não governamental.

havia um grande abismo entre teoria e prática. Muitos fundadores do PGT, como Huberto Alvarado, Mario Silva Jonama e Alfredo Guerra Borges, eram herdeiros da primeira geração de modernistas literários da Guatemala. Urbanos, cultos e letrados, sentiam-se mais ligados a Paris que a Moscou, Pequim ou mesmo Havana. Como disse Guerra Borges, não estava claro como "um vice-ministro da Educação que ensinava Rousseau e se emocionava com uma peça de Mozart (Silva Jonama) ou como um escritor interessado em Bréton e Vallejo (Alvarado) podiam se transformar em comandantes militares" (Figueroa Ibarra, 2000, p.239). Cuba era uma inspiração e uma pedra no sapato. A liderança do PGT tinha de engolir a prosápia de Che Guevara, que insistia em dizer que Cuba "não será uma Guatemala". Mas também havia a Espanha, e alguns líderes como Guerra Borges buscaram inspiração na tentativa do Partido Comunista Espanhol de encontrar uma "saída democrática" na luta contra Franco. O partido continuava falando em aliar-se aos membros "progressistas" das Forças Armadas e trabalhou para eleger democraticamente o prefeito da capital. Em 1959, adotou uma política de "reconciliação nacional", convocando seus adeptos a votarem em Ydígoras, a fim de derrotar o MLN, e especulando que a vitória permitiria um novo "avanço das forças democráticas". Como escreve o sociólogo Figueroa Ibarra (2000, p.163), não era nos debates entre o leninismo soviético e o guevarismo cubano que se devia buscar a tensão central que definiu a sobrevida do partido em 1954, e sim na "oscilação" entre uma "consciência da necessidade da revolução armada" e uma "sensibilidade para as possibilidades de abertura democrática".

O PGT continuou sendo ultrapassado pela história, como descreveu Guerra Borges a derrota de 1954. Os desafios à contrarrevolução cresceram à revelia da direção do PGT. No dia 13 de novembro de 1960, quase um terço dos militares guatemaltecos se revoltou em protesto contra a corrupção do governo e contra o fato de Ydígoras autorizar os Estados Unidos a treinarem cubanos anticastristas em território nacional, preparando a invasão da Baía dos Porcos. Embora o levante tenha sido reprimido em uma semana, com a ajuda de bombardeiros B-26 da CIA pilotados por cubanos anticastristas, alguns de seus líderes se recusaram a se render e continuaram a empreender incursões guerrilheiras ao mesmo tempo que entravam em contato com Cuba. Nos últimos anos da década de 1950, os estudantes da Universidade Nacional, outrora o celeiro da dissidência anticomunista, organizaram sucessivamente manifestações cada vez mais agressivas, que em geral se chocavam com uma repressão fatal, produzindo novos mártires revolucionários, tal como os protestos de 1950 e 1951 contra Arévalo e Arbenz. E, embora muitos estudantes tenham ingressado na organização juvenil do PGT, a Juventude Patriótica do Trabalho ou JPT, seu apoio à Revolução Cubana contrariava a liderança do partido. Por sua vez, os camponeses das regiões altamente politizadas resistiam às tentativas de restaurar o *status quo ante*, muitas vezes obrigando o PGT a assumir uma postura mais combativa do que pretendia. Efraín Reyes Maaz, um militante *q'eqchi* do partido, que se refugiou no México em 1954, mas retornou em 1957, recorda sua experiência ao tentar educar os trabalhadores da fazenda da United Fruit em Santa Lucia: "Nós tínhamos grupos de estudo, nos quais líamos *La Verdad* (o jornal clandestino do PGT). Eles me disseram: 'nós estamos fartos do *La Verdad*, queremos armas'". E, em março de 1962, os protestos encabeçados pelos secundaristas, na cidade da Guatemala, explodiram em dois meses de agitação e batalhas campais com a polícia nacional. *Las jornadas*, como ficaram conhecidos esses enfrentamentos, envolveram todos os setores da sociedade (até mesmo o MLN!), deixaram dezenas de mortos e deram continuidade à radicalização da política interna. "Para nós, 1968 chegou seis anos antes", relembra um participante.

O PGT não estava de modo algum alheio a esses fatos. Sua influência se propagava na universidade e, lentamente, ele ia reconstruindo as bases de apoio no campo. Tinha alguns contatos com os militares rebeldes e ofereceu uma liderança importante, ainda que nem sempre coerente, nas manifestações de 1962. Em 1960, também assumiu o controle da oficialmente anticomunista Federação Autônoma Sindical da Guatemala, a Fasgua. Não obstante, a posição ambivalente com relação à luta armada criou conflitos entre os dirigentes do partido e muitos de seus membros mais militantes e entusiastas de Cuba, ao mesmo tempo que a tentativa constante de reagir a esta ou àquela abertura política, a este ou àquele colaborador potencial, levou-o a renunciar ao que de melhor tinha feito na Revolução de Outubro. Como observa Deborah Levenson-Estrada (1994, p.39-40) no tocante ao movimento sindical urbano, os líderes do PGT "aclamavam este ou aquele político como precursor de uma nova era [e], em busca de aliados, sondavam constantemente os políticos formais. Não olhavam com a mesma intensidade e paixão para o que os assalariados urbanos estavam pensando ou fazendo a fim de ver como era possível mobilizar o seu poder. Frágeis na área da produção, onde mantinham um reduzido número de sua base operária anterior ao golpe nas pequenas oficinas, os comunistas não compensaram essa vulnerabilidade construindo uma base" na classe operária industrial em acelerado crescimento.

No fim de 1962, quando uma desastrosa tentativa de lançar um movimento guerrilheiro deixou o PGT ainda mais desacreditado aos olhos da União Soviética e de Cuba, representantes do partido se reuniram em Havana com membros de sua juventude, a JPT, e com rebeldes remanescentes do levante militar de novembro de 1960 para criar as Forças Armadas Rebeldes, as FAR. Operando como o braço armado do PGT, os primeiros combatentes das FAR eram jovens ativistas do partido e da JPT que, tendo viajado a Cuba com bolsas de estudo, optaram, sem autorização da direção do partido, por receber treinamento guerrilheiro. Teoricamente, o PGT ficaria encarregado do trabalho político e das ações armadas na cidade, enquanto as FAR se estabeleceriam nos departamentos orientais de Izabál e Zacapa. Na prática, os líderes das FAR se sentiram usados. Rejeitavam as manobras políticas do partido, que lhes pareciam equivocadas e antiquadas, e se irritavam com sua incapacidade de lhes fornecer equipamento. César Montes recorda uma reunião em que o PGT prometeu dar-lhes apoio material: "Nós pensamos que, finalmente, o braço forte da União Soviética viria em nosso auxílio. Pensamos que iam nos mandar Migs". A União Soviética não tinha a menor intenção de se envolver, e era com muita relutância que o próprio PGT cumpria suas responsabilidades militares.[3] Guerra Borges recorda que o secretário-geral do partido, Bernardo Alvarado Monzón, dizia que, se eles não praticassem atos de sabotagem, "os garotos das FAR e da JPT vão nos chamar de covardes".

Após a destruição das FAR em 1966, mencionada no capítulo precedente, o PGT ficou amplamente relegado à irrelevância e foi suplantado por novas formas de política oposicionista, tanto armada quanto pacífica.

A ascensão de uma nova esquerda

A organização rural não desapareceu com o golpe de 1954, mas mudou de forma. Com a supressão dos CALs e dos sindicatos rurais, juntamente com a repressão ao Partido Revolucionário nas áreas rurais, fecharam-se importantes vias de mobilização. Porém, outras foram se abrindo lentamente, como o ativismo político promovido pela teologia da libertação, as cooperativas e as ligas camponesas. Essas novas formas de ativismo dos anos 60 constituíram a base da mobilização rural que começou a tomar maior impulso na década de 1970. Esse ativismo político rural aprofundou as divisões sociais, o que, por sua vez, conduziu a novos padrões de repressão e violência.

---

[3] Alberto Cardoza, um dos fundadores do PGT, lembra que, durante uma viagem à Rússia, um dirigente do Partido Comunista Soviético, referindo-se à resolução adotada pelo PGT em 1960, disse-lhe que "a União Soviética não apoia essas experiências nascidas do entusiasmo que a Revolução Cubana está provocando. A Guatemala não tem as condições estipuladas pelo marxismo-leninismo para fazer uma revolução pela luta armada, e, o que é pior, essa luta terá custos que a União Soviética não pode pagar, principalmente se a revolução triunfar" (Figueroa Ibarra, 2000, p.131).

CONTRADIÇÕES NO INTERIOR DA IGREJA CATÓLICA: UMA REVOLUÇÃO POR MEIO DA RELIGIÃO

A partir de 1954, a Igreja Católica, comandada pelo arcebispo Mariano Rossell y Arellano, procurou retomar sua posição de influência na sociedade. Durante a Revolução de Outubro, o anticomunismo serviu de grude ideológico capaz de manter a coesão da instituição. Depois de 1954, começaram a surgir novas divisões à medida que o clero se via confrontado com a miséria dos fiéis, gerada pelo aprofundamento da pobreza e da repressão política.

Com a queda de Arbenz, a Igreja procurou expandir seu alcance em todo o campo com a ajuda dos catequistas envolvidos na Ação Católica. No entanto, esse alcance continuou limitado em razão da escassez de sacerdotes nativos. O clero estrangeiro, geralmente ligado às ordens religiosas, é que fazia a diferença. As missionárias de Maryknoll trabalhavam em Huehuetenango; os padres da ordem do Sagrado Coração foram enviados a Quiché; as religiosas do Imaculado Coração de Maria, a Escuintla; os dominicanos atuavam em Verapaces; os franciscanos, os carmelitas, os capuchinhos e os jesuítas cobriam as demais regiões. Esperava-se que o uso dessas ordens fornecesse uma barreira contra o comunismo, mas produziu efeitos inesperados. Grande parte do clero tornou-se politicamente ativa em razão do contato diário com a profunda pobreza, a injustiça e o racismo que afligiam a Guatemala. Ao mesmo tempo, a influência do Partido Democrata Cristão – também visto como um obstáculo para o comunismo e, como o PR, um dos únicos partidos reformistas autorizados a funcionar – passou a mobilizar os camponeses em ligas e cooperativas.

Rossell y Arellano faleceu em 1964, porém seu sucessor, Mario Cazariegos, era igualmente tradicionalista e tinha vínculos estreitos com os militares. No entanto, ainda que se mantivesse ultraconservadora, a hierarquia da Igreja estava perdendo rapidamente o controle sobre os clérigos no campo, que usavam cada vez mais uma análise associada à teologia da libertação para dar sentido ao sofrimento dos fiéis. A Igreja estava se transformando lentamente num agente da mudança.

No primeiro decênio após a queda de Arbenz, os catequistas e missionários se dedicaram sobretudo a combater o que eles denominavam "paganismo maia" – os ritos e as crenças derivados da espiritualidade indígena, que coexistiam em harmonia com o ritual católico. O combate ao tradicionalismo maia era particularmente intenso no departamento de Quiché. Em muitas regiões do altiplano indígena, as *cofradías* entraram em conflito aberto com os agentes de uma Igreja Católica modernizadora. Não obstante, os jovens catequistas maias, crescentemente influenciados pela visão de justiça social da teologia da libertação, encontraram na política da Ação Católica e do Partido Democrata Cristão um meio de aumentar sua influência na comunidade, em detrimento dos velhos tradicionalistas que, em alguns casos, eram aliados dos partidos políticos conservadores, dos militares ou do latifúndio. A expansão da Ação Católica abriu novos espaços de reflexão com as comunidades: os grupos de estudo católicos eram um foro de discussão dos problemas sociais e econômicos e geravam ações para remediá-los: cooperativas, uniões de crédito, comitês de melhoramento da comunidade, estações de rádio em idioma indígena e treinamento técnico.[4] Segundo um catequista que participou, em 1966, do primeiro grupo de doze jovens *q'eqchis* a ser educado pelo Centro San Benito de Promoção Humana, quase todos os intelectuais e chefes de organizações de desenvolvimento, da Penny Foundation ao Usaid, foram falar com eles: "Eram dezesseis professores para doze alunos!". Passados dois anos, o grupo começou a desenvolver uma agenda social: educação bilíngue, cooperativas de poupança e crédito, uma unidade local da Universidade Nacional e um programa de rádio em *q'eqchi*. Entre 1971 e 1974, o centro preparou, em média, quarenta *q'eqchis* por ano.

As cooperativas agrícolas procuravam eliminar os intermediários exploradores e abusadores e ajudar os camponeses a obterem melhores sementes, inseticidas e fertilizantes. Os mis-

---

[4] Sobre as missionárias de Maryknoll em Huehuetenango, ver Melville (1971).

sionários do Sagrado Coração, em Quiché, e as missionárias de Maryknoll, em Huehuetenango, foram os mais ativos no estabelecimento de cooperativas. Também havia um alto número destas em Sololá, Verapaces, no litoral sul e no Petén. Em 1968, a Ação Católica havia organizado cooperativas em treze dos dezoito municípios de Quiché. Algumas foram fundadas pelo Partido Democrata Cristão, outras pela Usaid. No fim da década de 1960, esta doou mais de 23 milhões de dólares para promover a formação de cooperativas (Cambranes, 1992, p.15). Em 1967, a Guatemala contava com 145 cooperativas rurais, com 27 mil membros. Na metade da década seguinte, esse número havia se elevado a 510, com mais de 132 mil membros (Davis & Hodson, 1982, p.14).

Os catequistas também organizaram farmácias comunitárias e serviram de agentes de saúde, professores e construtores de escolas. Os programas de rádio em línguas indígenas, financiados pela Igreja – a Rádio Chortí em Chiquimula; a Rádio Mam em Quetzaltenango; a Rádio Nahualá e a Rádio Atitlán em Sololá; a Rádio Quiché e a Rádio Tezulutlán em Cobán –, promoviam programas de alfabetização. Ao mesmo tempo, realizavam discussões sobre as raízes da violência e da pobreza.

Essas novas formações sociais e culturais eram um desafio para o poder tradicional no âmbito local. Com acesso ao crédito e à tecnologia, muitos adeptos da Ação Católica conseguiram escapar ao abuso dos *prestamistas* (agiotas) e dos *contratistas* (agenciadores de mão de obra para as fazendas). As cooperativas ofereciam uma alternativa à migração da *plantation*. E a mobilização política empreendida pelos democratas cristãos possibilitou a alguns jovens maias elegerem-se para cargos municipais, até mesmo de prefeito, de diversos vilarejos indígenas controlados por ladinos. Tanto ativismo despertou o ódio destes e de seus aliados indígenas, que sentiam sua autoridade e poder contestados. A partir da década de 1960 e intensificando-se na de 1970, a repressão política no campo tendeu a visar aos catequistas indígenas, aos cooperativistas e aos ativistas democratas cristãos.

Simultaneamente, a Igreja teve um papel importante na conscientização dos ladinos da classe média urbana. Na cidade de Huehuetenango, as missionárias de Maryknoll inauguraram um programa para estudantes secundaristas, que iam fazer trabalho voluntário em alfabetização ou assistência social nas zonas rurais. Em 1967, os alunos da escola Monte Maria, do Colégio Belga e do Liceu Javier participaram de um movimento social cristão, El Cráter [A cratera], que os pôs em contato com a realidade da vida rural. Diversos líderes revolucionários dos anos 70 passaram por essa organização.

A radicalização da Igreja Católica se associou à emergência da teologia da libertação tanto na América Latina como em outras partes. Em 1962, o Concílio Vaticano II criou um clima mais liberal que incluía a crítica interna ao longo conluio da Igreja com as elites contra os pobres. Como se discutiu anteriormente, essa crise de consciência, que atingiu uma parte do clero, foi instigada pela experiência de muitos padres e freiras que trabalhavam diretamente com os pobres e viram de perto a miséria causada pela exploração econômica e o racismo. Os jesuítas foram os primeiros a endossar a reforma radical, principalmente no Chile dos anos 60. No fim do decênio, elementos radicais da Igreja, sobretudo no Brasil, no México, na Colômbia e na América Central, haviam começado a desenvolver, teoricamente, o que ficaria conhecido como teologia da libertação. No Brasil, por exemplo, dom Helder Câmara, o arcebispo do Recife, e sete outros bispos assinaram uma carta pastoral editada por outros religiosos do Terceiro Mundo, conclamando a Igreja a não se identificar "com a opressão dos pobres e dos trabalhadores, com o feudalismo, o capitalismo, o imperialismo". Cada vez mais clérigos passaram a adotar uma análise explicitamente marxista da pobreza, ou seja, enfatizando a luta de classes em oposição a uma terceira via de reconciliação entre as classes e os grupos sociais, que era a posição tradicional dos partidos democratas cristãos. Em 1968, os bispos da América Latina se reuniram em Medellín, na Colômbia. A conferência contou com a presença do papa Paulo VI: os prelados afirmaram o compromisso da

Igreja com a missão de libertar os povos da América Latina do "neocolonialismo e da violência institucionalizada". Essa violência, declararam, era "inerente às estruturas econômica, social e política do continente, dependente do imperialismo internacional do dinheiro". No meado da década de 1960, vários padres e freiras renunciaram à mudança social pacífica e integraram movimentos guerrilheiros. Por exemplo, na Colômbia, Camilo Torres declarou que "a revolução não só é permissível como obrigatória; o católico que não é revolucionário vive em pecado mortal". Outros, que não chegaram a participar da luta armada, tinham simpatia por ela: é o caso de Oscar Romero, em El Salvador.

O trabalho organizador da teologia da libertação usava o método de ensino desenvolvido pelo brasileiro Paulo Freire. A "pedagogia do oprimido" tornou-se muito popular entre os catequistas católicos da Guatemala, que a empregavam não só para educar, mas também para politizar e reagir aos problemas sociais agudos da pobreza, da fome, do analfabetismo etc. Recorriam a esse método no trabalho com os estudantes e com os trabalhadores, nos grupos de estudo religiosos, nas oficinas de alfabetização, nos sindicatos e nas cooperativas camponesas, ajudando-os a verem-se como sujeitos com capacidade de compreender criticamente que o mundo não era uma ordem estática e fechada, e sim um "problema" a ser trabalhado e solucionado. Entender realmente algo, eles ensinavam, era entender não só o modo como isso era apresentado, mas também seu potencial de transformação. Essa pedagogia insistia em que todo ser humano – por pobre, analfabeto e silenciado que fosse – era capaz de ver o mundo criticamente, com base em sua própria realidade, em sua própria cultura, em sua própria classe, e também de mudá-lo. Essa conscientização teve um impacto profundo sobre a antiga cultura guatemalteca de subserviência e servidão. Foi revolucionária.

DAS LIGAS CAMPONESAS AO COMITÊ DE UNIDADE CAMPONESA

As ligas camponesas foram outra instituição rural que, nas décadas de 1960 e 1970, serviram de importante veículo de mobilização no campo, particularmente no litoral sul e nos departamentos de Quiché e Chimaltenango. Sendo a única forma de organização camponesa que continuou na legalidade após a queda de Arbenz, geralmente deram prosseguimento ao trabalho dirigido pelos CALs durante a Revolução de Outubro. Por vezes, eram filiadas à Federação Autônoma Sindical da Guatemala (Fasgua), a qual, por sua vez, tinha vínculos clandestinos com o proibido PGT. Em outros casos, as ligas estavam associadas aos democratas cristãos. Havia limites porosos entre elas e as outras instituições locais, como as já mencionadas cooperativas, e muitos membros das ligas e dessas instituições locais eram ativos também na Ação Católica. As metas das ligas variavam. Nas regiões em que havia certo número de latifúndios, as lutas tendiam a visar aos direitos trabalhistas ou às terras disputadas. Em outras áreas, as comunidades usavam as ligas como comitês de melhoramento, para construir pontes, escolas e instalações de tratamento de água. Em Quiché, no sul, uma das principais reivindicações das ligas era a abolição do trabalho forçado nos projetos de obras públicas.

Com atuação principalmente no altiplano ocidental e no litoral sul, o Comitê de Unidade Camponesa (CUC) foi a primeira federação camponesa nacional da Guatemala organizada e dirigida por maias (Fernández, 1988; Grandin, 1997; Hoyos de Asig, 1977). Embora só tenha adotado esse nome em 1978, suas raízes remontam a 1967, quando da criação do Sindicato de Trabalhadores Agrícolas Independentes em Chichicastenango. Por influência das diversas correntes políticas já discutidas, organizaram-se comitês camponeses locais para combater o abuso do trabalho temporário, a exploração da mão de obra migrante nas plantações, a conscrição, a proibição de abater árvores, a delinquência, a expropriação de terra e de água e a discriminação cultural. O CUC aglutinou as ligas camponesas, as organizações da Ação Católica e os comitês comunitários de melhoramento. A partir dessas raízes profundas, as lideranças do CUC – majoritariamente maias – identificaram e reagiram às necessidades imediatas de sua base, organizando comunidades inteiras para enfrentar os *contratistas*, os agiotas, o Exército e os órgãos do Estado. Em Chimaltenango, por exemplo, o CUC iniciou uma luta contra a prática comum do alistamento militar forçado, que atingia sobretudo os rapazes maias. Ao mesmo tempo, combateu a corrupção que cercava a obtenção de licença de extração florestal, que tendia a ser concedida aos ricos, mas não aos camponeses pobres. Em outras regiões, o CUC lutou pelo direito à terra e à água.

Influenciados pela teologia da libertação, os dirigentes do CUC procuraram situar essas lutas locais num quadro analítico mais amplo. Como explicou um membro ativo na época,

> *y es cierto que el problema es la falta de tierra aquí en Chichicastenango, hay algunas personas que tienen sus cuarenta o cincuenta cuerdas, pero no pasa más ... se analizó; es cierto, toda la gente se va a trabajar a las fincas, la gente se mantiene todo el tiempo en las fincas y ¿cuánto ganan en las fincas? Un salario miserable ... El otro problema que existe es estar uno en una finca, como en la costa sur ya es un lugar de mucho calor, a cada rato a uno le da sed ¿y que es que bebe uno? Es agua, pero en la costa no hay agua potable, sino que muchas veces uno lleva su agua de los ríos, entonces ahí viene la enfermedad, llega a la casa, a veces llega enfermo ... entonces lo que uno va a ir a ganar en la finca a veces ni le alcanza para la curación de la familia, entonces se analizó bien y, sí, estamos bien jodidos ...*

Muitos fundadores do CUC eram oriundos do movimento emergente pelos direitos dos indígenas e viam suas lutas pelo prisma da exploração cultural. Como recorda um líder, a questão do racismo – "*lo indígena*" – continuou ganhando importância:

> *Y lo indígena empezaba también a tomar forma, aunque sea desde lo cultural. Pero iban levantando reivindicaciones que cada vez más causaban recelos en la población ladina y que haya tenindo poder en esas áreas ... El CUC le dio una forma, le fue dando más perspectiva, pero eran diversas. Yo, antes de ser del CUC, era de una organización indígena que luchábamos por que*

*a la reina, a la que le llamaban "Princecita Utatlán", no le
llamaran como tal, sino que le llamaran "Reina Indígena", y
que los mismos beneficios económicos que le daban a la reina
ladina le dieran a las indígenas ... [Fué la Asociación] Cultural
Maya-K'iche.*

A CIDADE E O CAMPO

Durante todo o século XX, os militantes do sindicalismo
tentaram forjar alianças com as organizações rurais, no entanto
tal projeto sempre foi difícil não só pela repressão, como também
pelo racismo e pela falta de conhecimento por parte dos ativistas
sindicais urbanos. Nos anos 70, porém, verificou-se uma colaboração maior entre o campo e a cidade. Como se mencionou
anteriormente, a Ação Católica patrocinou programas que não
só levaram a juventude urbana às montanhas, como levaram
as lideranças indígenas à cidade para estudar na universidade.
Depois do massacre de Panzós de 1978 – quando os militares
mataram um grande número de maias *q'eqchis* que protestavam
contra as expropriações de terra –, os estudantes ladinos urbanos
começaram a oferecer seus serviços nas comunidades rurais.
Simultaneamente, a Confederação Nacional de Trabalhadores
da Guatemala, em rápido crescimento – que se iniciou como
uma confederação trabalhista moderada, anticomunista e
democrata cristã, mas foi se tornando cada vez mais combativa
–, começava a se expandir na zona do latifúndio e nas cidades
provinciais. Os trabalhadores da cana-de-açúcar, no litoral sul,
organizaram sindicatos filiados à CNT, e, em 1978, existiam 125
ligas camponesas associadas a ela.

A cidade e o campo uniram-se mais efetivamente em
1977, com a famosa Marcha dos Mineiros. Em novembro desse
ano, setenta mineiros filiados à CNT saíram da cidadezinha
mam-maia de San Ildefonso Ixtahuacán, perto da fronteira mexicana, iniciando uma marcha de protesto contra o fechamento
de uma mina próxima, em represália pela criação de um sindicato. Quando passavam pelas comunidades, aldeias e vilas, con-

vocavam comícios para discutir os problemas sociais e políticos comuns. Oito dias depois, ao se aproximarem da capital, os manifestantes – cujo número aumentara, agora chegando a milhares – se uniram a outra marcha, esta organizada pelos trabalhadores de uma usina de açúcar do litoral sul. A multidão que entrou na cidade foi calculada, pela imprensa, em 150 mil pessoas. Essa marcha foi um importante passo para a aliança entre trabalhadores urbanos e rurais. Dois meses depois, em 1º de maio, houve outra manifestação maciça que incluiu milhares de camponeses – foi o primeiro protesto público do CUC.

Este organizou e dirigiu alguns dos confrontos mais importantes com o Estado, até a ocupação da embaixada da Espanha em 1980 – à qual o Estado reagiu bombardeando o prédio e matando todos os que estavam lá dentro, inclusive Vicente Mechú, um dos fundadores do CUC e pai de Rigoberta Mechú (a maia *q'eqchi* laureada com o Prêmio Nobel da Paz de 1992 por seu trabalho de advogada em benefício dos americanos nativos da América Latina). Em 1980, o CUC organizou a maior greve da história da Guatemala, quando entre 75 mil e oitenta mil trabalhadores paralisaram as plantações e as usinas de açúcar do litoral sul. O mais importante dessa greve foi ter unido pela primeira vez os trabalhadores permanentes das plantações e usinas da costa a seus colegas migrantes do altiplano. O Exército e a oligarquia viram uma ameaça nesse fato: uma aliança popular e multiétnica apoiada pelos grupos insurgentes e pela Igreja, a greve ligou a luta dos camponeses do altiplano ao movimento sindical da região agroexportadora, ameaçando levar o crescente movimento armado para o litoral. Segundo o líder sindical Miguel Ángel Albizurez (1987, p.64-5), a greve foi um

> *hecho trascendental donde unificaron fuerzas campesinas pobres (indígenas y ladinos) y obreros para realizar la más gigantesca huelga que se ha producido en la historia de Guatemala ... [La huelga m]arca el inicio de una nueva etapa de la lucha. Es el comienzo de una experiencia que tendrá sus repercusiones cuando el momento decisivo llegue y donde los trabajadores agrícolas, junto a los obreros industriales, jugaron un papel determinante en el*

derrocamiento del régimen y en la instauración del gobierno revolucionario ... Pasada la huelga de la costa sur, los meses siguientes transcurren con innumerables tomas de tierras por campesinos de diferentes regiones; con manifestaciones de duelo y protesta ante el asesinato de dirigentes sindicales o estudiantiles y de religiosos; con realización de asambleas y consejos nacionales ... con paros de protestas, propiciados por la CNT ante el allanamiento de su sede y el secuestro de dirigentes; con retiro de religiosos del Quiché ...

A ESQUERDA ARMADA:
A SEGUNDA REVOLUÇÃO GUATEMALTECA

À sombra dessa organização política, os remanescentes das FAR, dizimadas em 1966, reagruparam-se, organizando três novos movimentos insurgentes que operariam em diferentes partes do campo nas décadas de 1970 e 1980. Uma nova encarnação das FAR construiu uma base entre os camponeses que migravam para as selvas das planícies de Petén. A Organização Revolucionária do Povo em Armas (Orpa) começou a se organizar na cadeia vulcânica que se estende da cidade do México à capital da Guatemala, dando acesso aos rebeldes tanto às comunidades das montanhas quanto às das fazendas da planície. Mas foi o Exército Guerrilheiro dos Pobres – o EGP – que cresceu mais rapidamente e quase venceu o Estado. Em 1973, esperando superar os erros da guerrilha dos anos 60, um pequeno grupo mal-armado de pretensos revolucionários vindos do México – constituído de ladinos e achí-maias de Rabinal – entrou na Guatemala e começou a se organizar na selva de Ixcán, onde ativistas católicos haviam montado um forte movimento cooperativista. Ao contrário dos rebeldes da década anterior, empenharam-se não em organizar focos militaristas ao estilo cubano, mas em erigir alianças com muitas das organizações sociais existentes na época. Teorizava-se que o trabalho político e a construção de uma base social nas comunidades indígenas impediriam o tipo de repressão que se desencadeou na década de 1960.

Esses novos grupos guerrilheiros, principalmente o EGP e a Orpa, acabaram incorporando os valores dos movimentos sociais anteriormente descritos. Rejeitavam a inclinação classista e urbana do PGT em favor de uma análise que postulava as comunidades indígenas rurais como reservas de energia revolucionária. Na metade da década de 1970, o objetivo da esquerda já não era restaurar o período democrático representado por Arévalo e Arbenz, e sim criar uma verdadeira sociedade socialista revolucionária. O que isso significava de fato – à parte derrubar a ditadura militar – estava aberto para múltiplas interpretações, dependendo do setor do movimento social a que cada um pertencia. Essas novas insurgências foram fortemente propelidas pela linguagem emancipacionista da teologia da libertação, colaborando estreitamente com padres, freiras e catequistas radicais. Muitos intelectuais da nova esquerda, sobretudo os associados ao EGP e à Orpa, como Carlos Guzmán Böckler, Julio Quan e Jean-Loup Herbert, deixaram-se influenciar pelas críticas terceiro-mundistas do colonialismo, como as de Frantz Fanon e Albert Memmi.[5] Adotando um modelo de "colonialismo internacional" que via a sociedade guatemalteca em termos especificamente raciais, eles criticavam implacavelmente o partido não só por não incorporar a "raça" à sua análise e à sua estratégia, mas pelo comportamento urbano pequeno-burguês de muitos dirigentes. Tanto a Orpa quanto o EGP se organizaram nas comunidades indígenas, mas de maneiras diferentes. O EGP operava principalmente nas montanhas indígenas, onde a estratificação social, embora presente, era leve. Colaborava estreitamente com os catequistas da Ação Católica e outros ativistas políticos para organizar, de acordo com sua estrutura, em muitos casos, comunidades inteiras. Com frequência, essa organização passava pelo CUC, como discutiremos a seguir. A Orpa, por sua vez, operava sobretudo nas comunidades e fazendas da costa e do piemonte do Pacífico, identificando os membros

---

[5] Böckler, que, embora sendo guatemalteco, se doutorou na França, e Herbert, que era francês, mas dava aula na Guatemala, na Universidade Nacional, eram coautores de *Guatemala: una interpretación histórico-social* (1970).

e as lideranças potenciais e montando uma estrutura clandestina mais tradicional.

Sem embargo, os fatos escaparam rapidamente ao controle desses grupos revolucionários. Por um lado, incitada pela veemente retórica da teologia da libertação e, por outro, duramente castigada pelos golpes constantes da repressão e pela intransigência do Estado, a população rural aderiu tão depressa aos rebeldes que excedeu as estruturas políticas. Hoje se discute quem foi o responsável pela escalada desse conflito. Alguns dizem que a guerrilha expôs a população maia local ao perigo, provocando uma reação mortal dos militares, contra a qual ela não tinha como defender – ou armar – seus adeptos. Outros acusam as próprias comunidades, atribuindo a escalada prematura da guerra às comunidades indígenas ou aos cristãos radicais. Um ex-membro ativo desde o começo da década de 1970 diz que

> é preciso assumir a responsabilidade, mas o que todos evitam é falar na responsabilidade das comunidades; elas se aproximaram da guerrilha ... Os padres e as freiras tinham muita influência. Seu triunfalismo, seu martirológio e seus *slogans* – "o futuro é nosso" – criaram um problema militar.

Outra liderança da época recorda que a estratégia militar e política do EGP era calculada para evitar os erros dos guerrilheiros da década de 1960, que, segundo ele, não tinham base de massa: "A rápida incorporação das massas às estruturas militares não fazia parte da estratégia do EGP. Ela foi impelida pela pressão das comunidades indígenas e pela Ação Católica".

A incorporação do CUC à estrutura militar do EGP ilustra a relação complexa entre a oposição civil e a armada. Quando ela começou a ganhar forma em 1977, os dirigentes do CUC tinham alguma ligação política com o EGP, se bem que não estruturada ou formal. Em oposição ao malogrado militarismo da guerrilha dos anos 60, o EGP via o CUC como um importante movimento social aliado, com identidade própria e uma estrutura política que correspondia à lógica das comunidades nas quais operava, à sua história organizacional passada e às suas reivindicações particulares. O CUC realizava assembleias participativas em diversos níveis – muito diferentemente da organização vertical e centralizada do EGP. Nesse período, nem a maioria de seus líderes e muito menos de sua base pertencia ao EGP.

Não obstante, entre 1978 e 1979, a sociedade guatemalteca se polarizou em razão do aumento da repressão.[6] Os líderes do CUC começaram a achar que sua organização precisava fazer não só reivindicações específicas, mas também exigências políticas maiores. Como diz um de seus membros:

> en ese momento no había posibilidades de ... encontrar un canal político de participación, porque lo lógico es que estas fuerzas campesinas ... si de haber un partido democrático real que canalizara todas estas reivindicaciones, posiblemente hubiera optado [por eso, como] cuando optaron por la Democracia Cristiana cuando vieron en el "desarrollo" una posibilidad de cambio.

A natureza porosa e flexível das relações iniciais entre o CUC e o EGP mudou. O ano de 1980 praticamente começou com o massacre da embaixada da Espanha, e, nas comunidades do CUC, a repressão havia se tornado quase insuportável. Ao mesmo tempo, os grupos guerrilheiros – principalmente o EGP – decidiram convocar seus aliados a conclamar a derrubada do governo na manifestação de 1º de Maio. Também há polêmica quanto ao porquê dessa decisão – alguns atribuem a culpa ao triunfalismo fatal das lideranças ladinas, outros às comunidades indígenas. A repressão intolerável aproximara muitos dirigentes do CUC do EGP. Segundo um *q'eqchi* que foi ativista do CUC desde sua fundação e, em 1980, tornou-se membro tanto da direção nacional da organização quanto do EGP:

---

[6] Para relatos abrangentes e pormenorizados da longa história da violência política na Guatemala, ver Ball et al. (1999), Comisión para el Esclarecimiento Histórico (1999) e Proyecto Interdiocesano de Recuperación de la Memoria Histórica (1998).

En donde se cierra la posibilidad de avanzar a través de manifestaciones, a través de comunicados, a través de mítines, cuando se cierra esa posibilidad, casi es como automático, como que fuera de evolución. Y bueno, pues, la guerrilla era alternativa ... Sí se dio un paso, vamos a ver si logro explicar. El CUC adquiere una estructura bastante natural a la población; el EGP su estructura de base donde hay CUC, adquiere una estructura muy similar a la del CUC y a la población, porque casi al grueso de la membresía del CUC [se incorpora]. El CUC se quedó sin espacio de lucha; no tenía espacio de lucha. Su ... última gran lucha trascendente fue la de la costa [la huelga de febrero-marzo de 1980]; de allí ya no había dónde canalizar todo el potencial que había desarrollado ... Fue el momento político, fue la característica de ese momento político, el que obligó ese tránsito.

Nesse contexto, o EGP incorporou a liderança do CUC em suas próprias estruturas, com a base do CUC assumindo funções paramilitares. O CUC, em outras palavras, começou a agir como uma correia de transmissão ligando as comunidades indígenas à esquerda armada.

A reação do CUC ao massacre de Panzós de 1978 ilustra não só a força de radicalização da repressão, como também o impressionante poder do CUC de reinterpretar a história nacional da Guatemala pela experiência da discriminação e da exploração raciais. Imediatamente após o massacre, o CUC divulgou um comunicado à imprensa denunciando a matança, dando a conhecer sua frustração com a reforma, com as "numerosas petições que não suscitam senão as respostas ridículas dos funcionários e a repressão contra as lideranças". No entanto, foi pouco depois, naquele mesmo mês, que o CUC apresentou sua declaração mais eloquente:

vamos tentar dar um quadro ... do que é ser indígena neste contexto de repressão, exploração e discriminação. O massacre de Panzós não é um incidente isolado. É um elo de uma corrente maior ... uma continuação da repressão, do desapossamento, da exploração e do aniquilamento do indígena, uma situação inumana que se iniciou com a invasão espanhola ...

Basta mencionar os massacres da era colonial, os lentos massacres perpetrados quando obrigavam os indígenas e os ladinos pobres a trabalharem nos cafezais. Basta mencionar os massacres cometidos pela direita desde a queda de Arbenz, os trinta mil mortos ou mais nos últimos 25 anos, que, em sua maioria, eram indígenas e ladinos pobres. É essa a nossa história, isso e ainda mais, porque muita coisa caiu no esquecimento, foi sepultada, existe apenas no coração.

Usando a não excepcionalidade do massacre para afirmar sua ressonância universal, o CUC começou a articular uma visão da história nacional que se converteria em um lugar-comum para a esquerda nos anos subsequentes ao massacre de Panzós, mas que era único na época. Tratava-se de uma interpretação que encarava o colonialismo e o racismo não como queriam os ladinos do PGT – como resíduos do domínio espanhol que continuavam deformando as relações sociais no campo –, mas como as contradições centrais da história nacional, as condições fundamentais de uma cadeia ininterrupta de exploração e repressão. Ao enfatizar sua natureza rotineira, o CUC usou retoricamente o massacre de Panzós para unir conflitos isolados numa luta nacional maior, para "revelar as raízes de um sistema de exploração ... que vivemos há centenas de anos" e "para pôr fim a esse sistema". Em 1980, o CUC havia incorporado sua base de apoio – em muitos casos, comunidades inteiras – à insurgência dirigida pelo EGP. Conforme alguns relatos, em 1981, à véspera da campanha de terra arrasada, quinhentos mil habitantes do campo apoiavam ativamente a guerrilha.

RUMO A 1982

Dois fenômenos paralelos, inter-relacionados, desenvolveram-se entre 1975 e 1980: a ascensão de um movimento popular de massa que foi adquirindo força cada vez maior e uniu diversos segmentos da sociedade civil, e a escalada da repressão do Estado dirigida contra toda ação política autônoma. Em 1980, a maior parte da liderança e amplos setores da base social da oposição tinham sido eliminados. Muitos dos sobreviventes se aliaram à esquerda armada. Durante o mandato de Romero Lucas García (1978-1982), os esquadrões da morte andavam à solta, matando e fazendo desaparecer uma média de duzentas pessoas por semana. Os cadáveres se empilhavam nas ruas e nos córregos da cidade da Guatemala. Ao longo de maio e junho de 1980, matava-se, em média, um sindicalista por dia. Duas operações coletivas resultaram no "desaparecimento" de 44 líderes da CNT. Os esquadrões da morte destruíram o movimento sindical do litoral sul e da cidade. Eliminou-se a liderança dos partidos reformistas anticomunistas, inclusive social-democratas populares como Alberto Fuentes Mohr e Manuel Colom Argueta. O Exército se deslocou para as montanhas, particularmente para a região de Ixcán e Quiché, iniciando uma campanha de matança indiscriminada. Os paramilitares executaram numerosos maias eleitos para cargos municipais sob a bandeira democrata cristã. Na cidade, as forças de segurança escolhiam jornalistas, professores universitários e advogados progressistas, como Mario López Larrave, para serem eliminados. Na Universidade Nacional, assassinaram-se centenas de estudantes ativistas. A vida cotidiana era um campo de batalha.

Dezoito anos depois, o colunista Oscar Clemente Marroquín recorda aquele período:

> Guardo como recuerdos imborrables aquellos artículos llenos de dolor, indignación e ira escritos precisamente, tras el asesinato de Manuel Colom Argueta, de la misma manera que sigo sintiendo una enorme responsabilidad por el silencio que, junto a otros periodistas, guardamos cuando los dirigentes del CUC llegaron a nuestras redacciones para denunciar el hostigamiento que el ejército realizaba contra la población campesina de Quiché. Ese silencia nuestro los obligó a tomar medidas de hecho que culminaron con la ocupación de la embajada de España y la posterior inmolación de esos campesinos y otros valiosos ciudadanos guatemaltecos y españoles. Sólo quien ha pasado por ese drama de callar para salvar la vida puede entender lo que se siente cuando se da cuenta que su silencio produjo un holocausto y la falta de valor de entonces se ha convertido en una lección imborrable. (La Hora, 8.4.1998)

O regime de quatro anos de Lucas García assinalou não o retorno a um brutal passado hobbesiano, mas o limiar de um futuro ainda mais violento. Tendo destruído os sindicatos, os partidos políticos, as comunidades religiosas e camponesas, o Exército desencadeou no campo, em 1981, um genocídio mais preciso, porém não menos sangrento.

Conclusão
Genocídio, contrarrevolução e democracia

A partir de 1980, setores das Forças Armadas e da oligarquia começaram a manifestar descontentamento com a corrupção, a ineficiência e o caos violento que marcavam o regime de Lucas García. Ao mesmo tempo, temiam a vitória da guerrilha, que em 1981 desencadeou operações em dezoito dos 22 departamentos da Guatemala. Apesar dos níveis crescentes de repressão contra os políticos e os movimentos populares pacíficos, Lucas García foi incapaz de destruir o movimento rebelde – aliás, muitos estrategistas militares acreditavam que, na verdade, sua violência cega estimulava a oposição, levando os ativistas a engrossar as fileiras da insurgência e forjando alianças entre os movimentos sociais e os rebeldes.

1982: uma reviravolta militar

Em 1982, um golpe de Estado comandado pelo "triunvirato" constituído pelos generais Horacio Maldonado Shaad, Efraín Ríos Montt e o coronel Francisco Luís Gordillo levou ao poder um grupo de "jovens oficiais" e as elites empresariais excluídas pelo governo de Lucas. A junta revogou a Constituição e decretou estado de emergência; Ríos Montt passou a ser o presidente oficial.[1] O fim do governo Lucas deu ao Exército oportunidade de reavaliar sua relação com o Estado. Como disse Gramajo Morales (1994, p.16), líder de um autodenominado grupo de jovens oficiais: *"Por un período de tres meses, después del golpe de estado, en el seno del ejército se llevá a cabo un análisis profundo de la situación nacional y una franca autocrítica..."* Essa

---

[1] Ver Schirmer (1998) para uma discussão abrangente sobre os planos contrainsurgentes a longo prazo dos militares.

autocrítica concluiu que a insurgência tinha apoio social, mas *não* em virtude de uma "subversão inata" da população rural, e sim em consequência de *"problemas ... [que] tienen raíces muy largas y profundas en el sistema social"* (ibidem). Segundo o general Mario René Enríquez Morales, *"[e]l terrorismo se alimenta principalmente del subdesarrollo, de la miseria, de la pobreza..."*.[2] Os analistas militares concluíram que *"había una clara necesidad de traer la paz por medios distintos de las armas"* (ibidem).

Essa reavaliação originou uma nova concepção de segurança nacional, que reconhecia que *"se tendría que pelear una guerra en todos los frentes: militar, político, y, sobre todo, social y económico. Las voluntades y corazones del pueblo eran nuestros objetivos"* (Gramajo Morales, 1995, p.181). Essa nova concepção político-militar foi adotada pelo Plano Nacional de Segurança e Desenvolvimento, assim como por uma sequência de planos anuais de campanha militar intitulados Vitória 82, Firmeza 83, Encontro Institucional 84, Estabilidade Nacional 85, Consolidação 86 e Força 87. Embora cada um deles tivesse metas específicas e se erigisse sobre o anterior, o objetivo final era derrotar a guerrilha pelo fortalecimento do Estado. Os passos a curto prazo rumo a essa meta incluíam a suspensão temporária da violência dos esquadrões da morte urbanos, a melhora das funções administrativas do governo e uma campanha anticorrupção. Entre os objetivos a longo prazo figuravam a convocação de uma assembleia constituinte, eleições, a liberalização política, a "desmilitarização" das agências do Estado, uma nova Constituição e a normalização das relações com outros países. Com tudo isso, porém, o poder dos militares – especialmente de seu aparato de inteligência – permaneceria intacto. Aliás, o retorno à governança democrática estável – o que permitiria ao Exército institucionalizar seu poder e, ao mesmo tempo, ocultá-lo – era um elemento fundamental do plano militar de contrainsurgência. Essa nova estratégia não resolveu os pro-

---

[2] Discurso de Mario René Enríquez Morales na conferência oferecida pelo alto comando do Exército num foro organizado pela Câmara da Livre Empresa, publicado em Inforpress Centroamericana (1995, p.327).

blemas "profundamente arraigados" na sociedade guatemalteca, porém deu ao Exército um arcabouço político para empreender sua guerra contrainsurgente.

AS DUAS FACES DO TERROR:
COMUNISTAS MASSACRADOS, COMUNIDADES MILITARIZADAS

TERRA ARRASADA: 1981-1983

Entre 1981 e 1983, os soldados e os grupos paramilitares cometeram mais de seiscentos massacres. Longe de serem "excessos" ou "erros", como os militares os explicam atualmente, essas matanças eram a "matéria-prima" de uma política planejada para destruir a base social da guerrilha e erradicar todos os elementos da sociedade local que não podiam ser controlados pelo Exército.

Em cada região, a lógica e a velocidade dessa mortandade tomaram formas próprias, dependendo de diversos fatores, como o nível de organização social, a relação da população com os rebeldes, a força da insurgência e a importância estratégica do lugar. Entretanto, pode-se descrever um padrão geral: antes dos massacres, os militares reforçavam as redes locais de inteligência do Exército, estabeleciam bases e acampamentos nas montanhas e aumentavam a violência seletiva contra os líderes comunitários mediante atos de execução extrajudicial, desaparecimentos forçados e tortura. No fim de 1981, a violência seletiva se transformou em terror indiscriminado. Entre quinze mil e vinte mil soldados com artilharia pesada e leve, aviões e helicópteros lançaram uma ofensiva para retomar o controle das áreas em que os rebeldes eram fortes. A ofensiva se iniciou nas regiões maias de Chimaltenango e do sul de Quiché na metade de novembro de 1981, avançando para o norte, rumo ao Triângulo Ixil, um mês depois e, finalmente, para Ixcán em janeiro de 1982.

Mas foi no meado de 1982, após o golpe e a reavaliação estratégica supramencionados, que os massacres se tornaram simultaneamente mais precisos e mais horrendos. A primeira metade da campanha foi dirigida pelo irmão do presidente Lucas García, Benedicto Lucas, ministro da Defesa. Os novos líderes militares da Guatemala, como Héctor Gramajo, acreditavam que a contrainsurgência devia ser mais centralizada e racional, conforme as linhas já descritas. Os analistas militares marcavam as comunidades e regiões com cores diferentes: a *branca* poupava as supostamente isentas de influência rebelde; a *rosa* identificava as áreas em que a insurgência tinha uma presença limitada – os suspeitos de envolvimento com a guerrilha e os que a apoiavam deviam ser eliminados, mas a comunidade era poupada; a *vermelha* identificava regiões em que o combate seria sem quartel: todos deveriam ser executados, e as aldeias, arrasadas. "Uma das primeiras coisas que fizemos", diz Gramajo, "foi preparar um documento para a campanha com anexos e apêndices. Foi um serviço completo, com planejamento até o último detalhe" (Schirmer, 1998, p.44).

No entanto, as operações reais eram incrivelmente selvagens, executadas com um frenesi racista não só contra os indígenas, mas contra tudo o que se considerasse indígena. Como remédio ao diagnóstico de que a subversão rural se disseminava na ausência do governo, os estrategistas militares conceberam uma operação que era apenas o primeiro estágio de um projeto de estabilização mais longo, que buscava "integrar" as comunidades indígenas ao Estado. Mas, antes de dar esse passo, era preciso destruir toda a oposição. Isso significava não só a eliminação física da guerrilha e de seus verdadeiros aliados potenciais, como também a colonização dos espaços, símbolos e relações sociais que os analistas considerassem fora do controle estatal. O terror se transformou num espetáculo: soldados, comissionados e patrulheiros civis estupravam as mulheres diante dos maridos e dos filhos. O zelo anticomunista e o ódio racista se disseminaram no desempenho da contrainsurgência. As matanças eram inconcebivelmente brutais. Os soldados matavam crianças, lançando-as contra rochas na presença dos pais. Extraíam órgãos e fetos, amputavam a genitália e os membros, perpetravam estupros múltiplos e em massa e queimavam vivas algumas vítimas. Na lógica que identificava a cultura indígena com a subversão, as unidades do Exército destruíam os sítios cerimoniais e transformavam os locais sagrados, como as igrejas e as cavernas, em câmaras de tortura.

Nos departamentos de Quiché, Chimaltenango, Petén, San Marcos, Sololá, Verapaces e Huehuetenango, em Ixcán, assim como no litoral sul, essa campanha exterminou dezenas ou talvez centenas de milhares de pessoas e arrasou mais de quatrocentas comunidades. Entre 1981 e 1982, 80% dos habitantes dos departamentos de Quiché, Huehuetenango, Baixa Verapaz e Chimaltenango foram tirados de suas casas durante algum tempo. Aldeias inteiras ficaram abandonadas. Em sua fuga dos militares, muitas famílias e grupos eram perseguidos. Os que sobreviviam eram capturados e colocados em campos sob controle do Exército. A campanha interrompeu o ciclo agrícola, causando fome e privação. O Exército atacou primeiramente as comunidades do EGP das montanhas do oeste e do norte, e só depois dirigiu a atenção para as regiões organizadas pela Orpa, no piemonte e no litoral. No fim de 1982, a violência voltou a ser seletiva, com desaparecimentos e assassinatos de indivíduos e, ocasionalmente, de comunidades inteiras que opunham resistência à ocupação militar. No curso de duas décadas, até o término da guerra em 1996, o Estado havia matado duzentas mil pessoas, feito desaparecer com quarenta mil e torturado não se sabe quantos milhares mais.

O racismo alimentava esse terror – a maioria das vítimas do ciclo de violência eram indígenas. Nos debates militares sobre a melhor maneira de realizar a segurança nacional, enquanto se preparava a campanha, os analistas desenvolveram a tese de que a cultura das comunidades indígenas fechadas, isoladas, tornava-as vulneráveis ao comunismo, tal como afirma a seguinte passagem de um manual de inteligência militar: "*El enemigo tiene los mismos rasgos sociológicos que los habitantes de nuestro altiplano*". Segundo muitos documentos estratégicos, os problemas mais importantes que o Exército enfrentava na região maia de Quiché eram "*de carácter socio-económico, debido principalmente a las características del grupo étnico ixil ... [quienes] por sus características especiales sociológicas, siempre han sido desconfiados principalmente de todo aquello que proviene de los ladinos*".[3] A existência de "*varias etnias, con diferentes lenguas y dialectos, demostraría lo incompleto de la integración nacional por falta de identidad*".[4] Essa convicção refletiu-se no já mencionado Plano Nacional de Segurança e Desenvolvimento, que propunha uma campanha para

> *estructurar y determinar el Nacionalismo, promoverlo y fomentarlo en todos los organismos del estado e irradiarlo al área rural; asegurándose que forme parte del proceso de formación y educación de la población, como doctrina opuesta al Comunismo Internacional.* (Guatemala, 1982)

Semelhante tese reflete a tendência dos ladinos a interpretar toda mobilização política indígena – em ascensão desde a década de 1960 – como uma revolta indistinguível e irracional, provocada por agitadores externos.

Portanto, a campanha de terra arrasada dos militares foi concebida para reagir a esse tipo de ameaça. Separou brutalmente as comunidades dos rebeldes e destruiu as estruturas comunitárias que os analistas militares identificavam como viveiros de apoio à guerrilha. Isso explica a natureza singularmente selvagem da contrainsurgência guatemalteca, que não visava exclusivamente a indivíduos. Os maias foram identificados como inimigos e mortos *qua* maias, mesmo que a *motivação* fosse derrotar a insurgência. Como disse Francisco Bianchi, o porta-voz de Ríos Montt: "*los guerrilleros conquistaron muchos colaboradores indígenas, entonces los indígenas eran subversivos, ¿no? ¿Y como se lucha en contra de la insurgencia? Netamente,*

---

[3] Apreciación de Asuntos Civiles (G5) para el área ixil. p.36-7, *Revista militar*, sept.-dic. 1982.

[4] Coronel Marco Antonio Sánchez Samayoa, discurso pronunciado no Centro de Estudos Militares por ocasião do encerramento do primeiro curso de guerra psicológica, em 22 de junho de 1984 (*Revista Militar*, n.34, jan.-abr. de 1985).

tendría que matar a indígenas porque ellos estaban colaborando con la subversión" (*The New York Times*, 20.7.1982). Pois é esse arcabouço racista que nos ajuda a compreender os conceitos usados pelos militares quando terminou a pior fase da política de terra arrasada, conceitos como "recuperação" e "resgate" das comunidades indígenas. Como disse o próprio Ríos Montt: *"Naturalmente, si una operación subversiva existe donde los indígenas están involucrados con la guerrilla, los indígenas morirán. Sin embargo, no es la filosofía del ejército de matar indígenas, pero de reconquistarlos, de ayudarlos".*

Comunidades militarizadas

Imediatamente após o genocídio, os militares empreenderam o "resgate" da população rural. Depois do golpe de março de 1982, estrategistas militares como Gramajo sabiam que a violência não bastava para vencer a insurgência. Com base no estudo de outras operações de contrainsurgência, particularmente da derrota dos Estados Unidos no Vietnã, assim como nos conselhos dos consultores israelenses e em suas próprias experiências na década de 1960, eles desenvolveram uma filosofia que procurava evitar a síndrome do "Exército invasor", reformulando o papel das Forças Armadas na vida civil.

Segundo o coronel Mario René Enríquez Morales, o Exército reviu seu programa anterior de Ação Cívica – que o levava a distribuir alimentos, medicamentos e, ocasionalmente, a reformar ou construir a infraestrutura rural, como estradas, escolas –, *"pues se llegó a la conclusión de que la doctrina de Acción Cívica no era aplicable en nuestro medio, por su tendencia al paternalismo"*.[5] Segundo os analistas, o problema dos programas de Ação Cívica era o de não integrarem as comunidades indígenas à estrutura nacional nem darem oportunidade aos militares de manter uma presença prolongada no campo. Se quisesse erradicar a subversão, o Exército tinha de se insinuar nas comu-

---

[5] Discurso de Mario René Enríquez Morales (Inforpress Centroamericana, 1995, p.327).

nidades locais. Ele estabeleceu essa nova estratégia na já mencionada sequência de planos anuais, como o Victoria 82 e outros como "Fusiles y frijoles" e "Techo, Trabajo y Tortillas", destinados a transformar o Exército, no âmbito local, no único provedor de bens de primeira necessidade.

O primeiro passo, nessa estratégia contrainsurgente pós-massacre, foi providenciar alimento para os refugiados. A maior parte dessa ajuda ficou a cargo do Comitê de Reconstrução Nacional (CRN). Embora formado depois do terremoto de 1976, em 1982, o CRN, controlado pelos militares, ficou incumbido de atingir as metas do Plano Nacional de Segurança e Desenvolvimento. Tinha autoridade para administrar toda a ajuda em alimentos, especialmente a fornecida pelos programas "Comida por Trabalho" da ONU.[6] Os víveres eram usados para remunerar os refugiados que trabalhavam na construção das "aldeias-modelo" do Exército. Também serviam para fazer os refugiados escondidos nas montanhas a se renderem às autoridades militares. A Americas Watch (1984) escreveu que

> *la ayuda alimentaria internacional es otra herramienta del control militar. Así, campesinos con hambre tienen que dar su lealtad al gobierno, trabajar en proyectos gubernamentales, y obedecer órdenes militares para obtener comida. Esta situación proporciona al ejército aún otra forma de coacción, aún otra arma en su campaña de consolidar su control y dominación de la vida civil en el altiplano.*

Tendo se estabelecido como a única instituição capaz de garantir a sobrevivência, os militares iniciaram seu projeto de "desenvolvimento militarizado", que incluía aldeias estratégicas, reeducação ideológica e programas permanentes de "trabalho por comida". O desenvolvimento militarizado foi organizado, no âmbito regional e no local, por intermédio das Coordenadorias Interinstitucionais, que coordenavam a operação das agências estatais, dos bancos de crédito e das ONGs – a ajuda

---

[6] Acuerdo Gobernamental, 44-82 (*El Diario de Centro América*, 8.6.1982).

alimentar, os projetos hidráulicos, de saúde, de construção de estradas e a assistência técnica às cooperativas, tudo supervisionado pelas CI controladas pelos militares. "Nós levamos o governo à aldeia", vangloria-se Gramajo (Schirmer, 1998, p.64). A campanha de pacificação, na Guatemala, não teria avançado sem os fundos de desenvolvimento e as doações internacionais de alimentos. São os seguintes os principais participantes internacionais na campanha de pacificação do país: 1. o governo dos Estados Unidos por meio da Usaid e dos programas Alimentos para a Paz; 2. as Nações Unidas por seus programas mundiais de alimento; 3. organizações voluntárias particulares; e 4. Israel e Taiwan. Por exemplo, em seu primeiro mandato, Reagan pressionou o Congresso para que aprovasse verbas cada vez maiores para ajuda econômica e militar para Guatemala. A ajuda econômica subiu de onze milhões de dólares em 1980 para 104 milhões em 1986. Quase toda essa ajuda se destinava ao altiplano. Como declarou Peter McPherson, o administrador da Usaid, perante o Congresso norte-americano, os programas de sua agência destinavam-se especificamente a apoiar os programas de desenvolvimento do governo da Guatemala: "particularmente no altiplano – para melhorar a qualidade da vida rural, reduzir a incidência da pobreza e diminuir o poder de atração do apelo da extrema esquerda".[7]

Em vez de financiar diretamente o programa de pacificação dos militares, a Usaid especificou que a moeda local criada a partir do Fundo de Apoio Econômico e da venda de alimentos Título I fosse usada nos programas de desenvolvimento do governo militar no altiplano. Em diversas ocasiões, nesse período de formação dos *polos* de desenvolvimento, a Usaid especificou que seus fundos fossem diretamente para as aldeias-modelo de Huehuetenango e Alta Verapaz. Em 1985, reconheceu que seus programas podiam ter sido usados no interior dos *polos* de desenvolvimento. Numa carta de 6 de março de 1985 para o senador Patrick Leahy, Jay F. Morris, da Usaid, disse:

[7] Depoimento perante o subcomitê de Relações Exteriores sobre Negócios do Hemisfério Ocidental, 21 de julho de 1983.

> Nossos programas foram ... concebidos e executados independentemente ... Como nossos programas regulares operam em todo o altiplano ocidental ... é concebível que algumas atividades em agricultura, saúde, educação ou planejamento familiar tenham oferecido serviços em uma área designada como *polo* de desenvolvimento ou aldeia-modelo... (apud Barry, 1983)

Como parte do esforço para minar o apoio à guerrilha e transferir para as próprias comunidades a responsabilidade pelo policiamento antissubversivo, os militares determinaram que todos os homens em condições físicas servissem nas Patrulhas de Autodefesa Civil (PACs).[8] As PACs foram usadas pela primeira vez pelo governo Lucas García, mas Ríos Montt as estendeu. Organizadas pelos agentes militares locais, foram importantíssimas na campanha contrainsurgente, pois, como diz um estudo, transformaram uma guerra entre os rebeldes e o Exército numa guerra civil entre camponeses indígenas. Em alguns vilarejos, elas eram os principais agentes da repressão política. Em muitos sentidos, as PACs foram a resposta dos militares para as estruturas organizacionais criadas pela guerrilha, como as descrevemos no capítulo precedente. Exploravam as divisões no seio das comunidades e a hostilidade para com a liberalização política e a mobilização associadas à esquerda. Tal como as formas de organização ligadas à esquerda, as patrulhas civis abriram um espaço efetivo para que os interesses particulares e as facções falassem em nome da comunidade, impusessem a estabilidade e apresentassem reivindicações ao governo. Em muitas aldeias, por exemplo, as PACs, ao mesmo tempo que possibilitavam ao Exército consolidar sua autoridade rural, davam a líderes indígenas o poder de diminuir o controle ladino local sobre a política e a economia. Quando a guerra começou a se aproximar gradualmente do termo, no fim da década de 1980 e no começo da de 1990, as patrulhas civis continuavam dominando a vida local em muitas comunidades.

---

[8] Popkin (1996), Solomon (1994) e Comisión para el Esclarecimento Histórico (1999, v.2, p.181-234) analisam as patrulhas civis.

O papel dos Estados Unidos

O apoio material

Presente a seu nascimento, em 1954, e alimentando sua adolescência na década de 1960, os Estados Unidos foram um patrono distante, mas ainda envolvido, durante o genocídio guatemalteco. Em 1977, reagindo ao aumento da repressão, os Estados Unidos suspenderam toda ajuda militar direta à Guatemala.[9] Contudo, apesar dessa proibição, as vendas, a ajuda e o treinamento prosseguiram com diversos disfarces. Em primeiro lugar, a ajuda militar direta pelo Programa de Assistência Militar alocada para a Guatemala antes que a proibição entrasse em vigor não foi afetada pela legislação. Em 1982, o país continuou recebendo peças e equipamento mediante 23 contratos firmados antes que se impusesse a proibição (*The New York Times*, 19.12.1982). Além dessa ajuda militar direta alocada antes da proibição, o corte de Carter não deteve o programa Vendas Militares Externas (que fornecia à Guatemala crédito para as compras) nem as vendas comerciais padrão.

A tentativa do Congresso de cortar a ajuda não se limitou apenas a proibir a ajuda militar, mas também as vendas de artigos ou serviços de defesa pelo governo ou pela iniciativa pri-

---

[9] Essa proibição procedeu da legislação aprovada pelo Congresso norte-americano, nas décadas de 1960 e 1970, para impedir os Estados Unidos de apoiarem regimes que violavam os direitos humanos. A Seção 502B do Foreign Assistance Act de 1961 proíbe a ajuda militar aos que violam os direitos humanos. A Seção 503B do Foreign Assistance and Related Programs Appropriations Act de 1978 proibia o uso de fundos "para vendas militares internacionais a crédito já aprovadas para a Argentina, o Brasil, El Salvador e Guatemala" (Pub. L. N.95-148, § 503 B, 91, Stat. 1230, 1239 (1977)). A Seção 703 do International Security and Development Cooperation Act, aprovado em 1985, exige certificação de direitos humanos para a assistência e as vendas militares. A ajuda militar direta foi retomada em 1986, quando George Shultz, o secretário de Estado de Reagan, certificou perante o Congresso que os requisitos da Seção 703 tinham sido preenchidos. Naquele ano, os Estados Unidos concederam aproximadamente 109,5 milhões de dólares em ajuda econômica e militar. Ver a discussão em Broder & Lambek (1988).

vada. A administração Reagan burlou tais provisões retirando itens das listas de material de venda proibida para a Guatemala, muito embora fosse evidente que esses itens eram usados com fins militares, e permitindo que fornecedores privados independentes enviassem armamento para a Guatemala (The United States General Accounting Office, 1986). Assim, o programa de Vendas Militares Externas e as vendas comerciais tornaram-se "[o] principal meio usado pelo país, no período de 1978 a 1982, para obter dos Estados Unidos equipamento e tecnologia militar e de uso dual [não militar e militar]" (ibidem). Em certos casos, os itens enviados à Guatemala para uso militar não apareciam em nenhuma lista de proibição. Em 1980 e em 1981, por exemplo, 23 helicópteros Bell no valor de quase 25 milhões de dólares foram vendidos à Guatemala, mas escaparam à fiscalização porque o Departamento do Comércio os classificou como aeronaves civis (Broder & Lambeck, 1988, p.133). Com eles, os Estados Unidos forneceram treinamento aos pilotos guatemaltecos. Rotulando de "civil" a transação dos helicópteros, Reagan burlou as restrições do Congresso.

Alguns fornecimentos de equipamento militar para a Guatemala por empresas privadas burlaram totalmente o processo de fiscalização. Leon Kopyt, o presidente da Mass Transit Systems Corporation da Filadélfia, contou a um jornalista que fazia anos que sua empresa fornecia ao governo guatemalteco miras *laser* de fuzil, embora a solicitação de autorização de venda desses produtos tivesse sido indeferida pelo Office of Munitions (Nairn, 1986, p.20). A Mass Transit driblou a proibição do Congresso simplesmente comprando as miras *laser* de uma empresa estrangeira e revendendo-as ao Exército guatemalteco. Por sua própria natureza, é difícil determinar a extensão dessas linhas de suprimento militar ilícito.

A proibição também podia ser contornada com o uso de outros países. Igualmente aqui, em consequência de sua natureza, é difícil determinar a extensão de tais transações, todavia os relatos indicam que era grande. Por exemplo, a partir de 1977, Israel mandou para a Guatemala onze aviões de transporte Arava, dez tanques, 120 mil toneladas de munição, três barcos patrulheiros Tair, um novo sistema tático de rádio e um grande carregamento de morteiros de 81 milímetros, bazucas, lança-granadas e submetralhadoras Uzi. E, em 1982, as tropas guatemaltecas receberam, em Puerto Barrios, dez tanques no valor de 34 milhões de dólares. A CIA e o Pentágono providenciaram para que a carga chegasse da Bélgica, passando pela República Dominicana (Nairn, 1986). Neste último caso, nem o Pentágono nem a CIA prestaram contas ao Congresso como exigia o Arms Export Control Act. Num relatório de 1986, por nós já citado, o U. S. General Accounting Office concluiu que "as evidências indicam que, embora se tenha discutido no [Departamento de Estado] ... a necessidade de apresentar ... um relatório [não há] evidência de nenhum relatório apresentado ao Congresso".

À parte equipamento militar, os Estados Unidos seguiram fornecendo consultoria às Forças Armadas guatemaltecas. Por exemplo, em dezembro de 1982, dois funcionários norte-americanos ligados ao pessoal militar da embaixada instruíram as forças do país (*The New York Times*, 19.12.1982). O capitão Jesse García, membro da Forças Especiais dos Estados Unidos (Boinas Verdes), ensinou diversas técnicas aos cadetes guatemaltecos, inclusive táticas de contrainsurgência, na Escola Politécnica, e o tenente-coronel Benjamin Castro, da Força Aérea norte-americana, instruiu pilotos guatemaltecos. O Departamento de Estado declarou que nenhum instrutor estava atuando como consultor militar, o que seria uma violação das restrições do Congresso.

Portanto, os Estados Unidos continuaram oferecendo treinamento e ajuda por intermédio da CIA. À parte seu papel no golpe de 1954, os documentos liberados para o CEH pelo governo norte-americano pouco revelam sobre a atuação dessa agência na história recente da Guatemala. Nos anos 60 e 70, boa parte da atividade da CIA se deu mediante o Departamento de Segurança Pública, encarregado de aperfeiçoar a capacidade de vigilância e repressão da polícia, como vimos nas execuções de 1966 descritas no Capítulo 3. Quando se desativou o DSP, em

1975, a atividade da agência prosseguiu de vários modos. Apesar da proibição pelo Congresso, fontes do governo norte-americano admitiram publicamente que a CIA continuou operando na Guatemala na década de 1980 e que, pelo menos de 1988 em diante, seu escritório na capital do país funcionou com vinte pessoas e contava com um orçamento operacional de cinco milhões de dólares anuais, além de uma importância entre cinco milhões e sete milhões de dólares anuais para assistência logística e técnica aos militares do país, assim como para a remuneração dos informantes guatemaltecos.[10] Alguns desses informantes seriam responsáveis por violações graves dos direitos humanos ao longo das décadas de 1980 e 1990.

E, naturalmente, forneceram-se ajuda militar e treinamento ao governo guatemalteco utilizando-se testas de ferro dos Estados Unidos. Nos anos 70 e 80, os militares do país receberam instruções e tecnologia decisivas do governo israelense. A cooperação militar israelense-guatemalteca se iniciou plenamente em 1974, quando os dois países firmaram um acordo sobre armas (Rubenberg, 1986). Em questão de meses, chegaram à Guatemala aviões, carros blindados, fuzis de artilharia, submetralhadoras Uzi e fuzis de assalto Galil, assim como técnicos e instrutores militares israelenses. Quando os Estados Unidos cortaram parte da ajuda em 1977, Israel passou a ser o principal fornecedor de armamento e tecnologia militar da Guatemala (Lusane, 1984). Em 1977, técnicos israelenses instalaram um sistema Elta de controle de tráfego aéreo por radar no aeroporto Aurora. Entre 1975 e 1982, um mínimo de quinze mil fuzis de assalto Galil, onze aviões e dez carros blindados foram fornecidos por Israel (Slaughter, 1982). Em 1980, o Exército da Guatemala estava totalmente equipado de fuzis Galil no valor de seis milhões de dólares. Também nessa década, o governo israelense ajudou a instalar a Indústria Militar Guatemalteca, em Alta Verapaz, para fabricar munição para os fuzis Galil e as submetralhadoras Uzi. Em 1979, técnicos da Tadiran Israel

---

[10] Ver *The Washington Post* (9.4.1995); *The New York Times* (2.4.1995) e *El País* (25.3.1995). Sobre a CIA na Guatemala em geral, ver Immerman (1982).

Electronics instalaram um centro de computação na capital do país, que se integrou ao Centro Regional de Telecomunicações e começou a funcionar em 1980. Em 1981, o Exército guatemalteco abriu a Escola de Transmissões e Eletrônica do Exército, construída e financiada por Israel e dotada de pessoal israelense, para treinar militares em tecnologia de contrainsurgência. Em 1982, havia pelo menos trezentos peritos em inteligência, "especialistas em segurança e comunicações e pessoal de treinamento militar" israelenses na Guatemala (*The New York Times*, 17.4.1982).[11]

Apoio ideológico

A ideologia do anticomunismo ofereceu uma importante justificativa para o terror governamental. Apesar da evidência inegável de que gente inocente estava sendo assassinada pelos agentes do Estado, os Estados Unidos racionalizaram reiteradamente seu apoio na clássica lógica da guerra fria: um relatório da Usaid de 1971 para o Congresso norte-americano notava que

> o governo da Guatemala tem adotado, ocasionalmente, táticas com as quais não concordamos e, em conversas com oficiais guatemaltecos, deixamos clara nossa divergência. Essas práticas incluem a detenção ilegal de suspeitos de terrorismo e a eliminação de indivíduos ... Embora, como se notou acima, não toleremos de modo algum as táticas ilegais, também convém notar que o governo guatemalteco se crê numa situação semelhante à guerra civil e que os terroristas inspirados pelo comunismo têm matado tanto militares quanto civis...[12]

Tal aceitação, por parte dos Estados Unidos, de que certo grau de repressão política era necessário permitiu que os violadores guatemaltecos continuassem supondo que podiam agir impunemente e seguir recebendo ajuda e apoio dos norte-americanos.

---

[11] As cifras provêm do *Excelsior* (Cidade do México), 11.10.1983.

[12] A maior parte dos documentos norte-americanos aqui citados encontra-se em Grandin (2001).

A lógica do anticomunismo, pela qual os fins justificam os meios, encontraria sua expressão mais grotesca no período Reagan, quando o governo da Guatemala cometeu suas piores atrocidades. Com a ascensão de Ríos Montt ao poder e o início da campanha de terra arrasada, o governo Reagan passou a fazer um vigoroso *lobby* pela retomada da ajuda militar. Conquanto um documento liberado da CIA deixe claro que, já em fevereiro de 1982, os analistas norte-americanos estivessem cientes da política de terra arrasada, os funcionários da administração Reagan insistiram na política de apresentar Ríos Montt como um reformista disposto a estabelecer o império da lei e, ao mesmo tempo, de deslegitimar os relatos que apontavam para violações crescentes dos direitos humanos.

Em abril de 1982, o Departamento de Estado fez *lobby* no Congresso para que se suspendesse a proibição da venda de armas à Guatemala, alegando que a situação dos direitos humanos havia melhorado (*The New York Times*, 25.4.1982). O Departamento de Estado detectou "melhoras"[13] no regime então vigente em comparação com o anterior: Thomas Enders, o subsecretário de Estado para Assuntos Interamericanos, asseverou que os Estados Unidos "tinham a cautela de não apoiar um regime com registros de graves violações dos direitos humanos". Segundo ele, foi justamente essa atitude que levou à eleição de Ríos Montt, que se propôs seriamente "a tomar providências [contra a violação dos direitos humanos]" (*The New York Times*, 25.4.1982).[14] E, ao anunciar a venda de 6,3 milhões

---

[13] Sobre a tática de "rever" os dados dos direitos humanos do regime anterior de modo a fazer que o atual parecesse melhor, ver Americas Watch Report (1985).

[14] Ver também, *The New York Times* (22.8.1982), quando o tenente-general Wallace H. Nutting disse que os Estados Unidos deviam ter, na Guatemala, "essencialmente o mesmo papel" que tinham em El Salvador. O general prosseguiu, referindo-se às preocupações com os direitos humanos: "é preciso que haja uma situação política aceitável" para se retomar a ajuda militar norte--americana, reconheceu ele, mas disse que "é *uma pena* que, até o momento, os responsáveis por fazer tal juízo tenham sentido que esse tipo de situação política não existia". Verificou-se outro exemplo desse apoio em 5 de agosto

de dólares em peças de reposição militares, em janeiro de 1983, John Hughes, o porta-voz do Departamento de Estado, afirmou que Ríos Montt havia conseguido um "declínio extraordinário" nas violações dos direitos humanos (*The Washington Post*, 8.1.1983).[15]

Essa tentativa de apresentar Ríos Montt como mais preocupado com os direitos humanos do que seu predecessor Lucas García veio acompanhada de uma campanha para deslegitimar os grupos de direitos humanos. Por exemplo, numa carta à Anistia Internacional, que o Departamento de Estado publicou nos Estados Unidos e a embaixada norte-americana divulgou na Guatemala, Enders afirmou que muitas das alegações da Anistia Internacional não podiam ser confirmadas e declarou, falsamente, que o lugar de um determinado massacre simplesmente não existia. Um memorando distribuído pela embaixada norte-americana na Guatemala acusou as organizações de direitos humanos de "dirigir um programa calculado de desinformação que tem origem em Manágua, na Nicarágua, e faz

---

de 1982, quando, em depoimento perante o U. S. Banking Subcomite, o subsecretário de Estado de Direitos Humanos e Assuntos Humanitários Melvyn Levitsky afirmou: "Acreditamos que o presidente Ríos Montt está seriamente decidido a promover progresso nos direitos humanos..." (Americas Watch Report, 1985, p.13).

[15] Ver também "Letter of Stephen W. Bosworth, Deputy Assistant Secretary of State for Inter-American Affairs, Dept. of State (july 15, 1982)", reimpresso em Interamerican Development Bank Loan to Guatemala: Hearing Before the Subcomm. on International Development Institutions and Finance of the House Comm. on Banking, Finance and Urban Affairs, 97th Congress, 2nd Session 134-35, no qual Bosworth justificou uma proposta de empréstimo para a Guatemala alegando que a situação havia melhorado de tal modo que a Guatemala já não se encaixava nos estatutos das proibições por violações dos direitos humanos. Ver ainda o artigo no *Los Angeles Times*, 7.7.1982, em que um funcionário do Departamento de Estado afirma que "é indiscutível" que o governo anterior de Lucas García era "mais repressivo e corrupto" do que o de Ríos Montt, chegando a afirmar que, "no fim do ano passado, o governo Reagan reexaminou a situação dos direitos humanos ... e constatou ... que houve melhoras no governo Ríos Montt".

parte da conspiração comunista mundial".[16] O fato é que até mesmo as organizações de direitos humanos estavam subestimando o nível de violência do Estado que se verificou entre 1981 e 1983.

Embora a CIA soubesse que o governo guatemalteco estava empreendendo uma política de terra arrasada e cometia violações dos direitos humanos em larga escala, a embaixada dos Estados Unidos abafava reiteradamente os relatos de massacres e outras atrocidades no campo e tratava de imputar a violência aos guerrilheiros. Além da análise da CIA mencionada, em novembro de 1982 um informante de Chimaltenango chegou à embaixada norte-americana para atestar o fato de que a violência que levou aos milhares de refugiados de Chimaltenango

> não era resultado de batalhas entre o Exército e a guerrilha, que possibilitaram aos indígenas fugirem dos guerrilheiros. Pelo contrário, a fonte disse que, no fim daquele mês de setembro, viu um Exército invadir toda a região ... e que as milhares de pessoas estavam fugindo do Exército, não da guerrilha. Durante essa incursão, afirmou, o Exército exterminou muitos indígenas.

Juntamente com outros relatos das atrocidades perpetradas pelos militares, essa testemunha levou a embaixada a concluir que "o depoimento delineado indica uma perturbadora tendência ao terror seletivo contra as aldeias 'vermelhas' por parte de algumas forças de segurança guatemaltecas".[17] E, após

---

[16] Para outro exemplo, ver a carta de Elliot Abrams, subsecretário de Estado de Direitos Humanos e Assuntos Humanitários de Reagan, para o *The New York Times*, 19.2.1985. Ver também o relatório liberado do Departamento de Estado, de 3.11.1982, tentando desacreditar a Anistia Internacional, o Washington Office on Latin America e outras organizações de direitos humanos como parte de uma "campanha de desinformação concertada ... realizada nos Estados Unidos contra o governo guatemalteco...".

[17] O analista prosseguia alertando o Departamento de Estado de que "é provável que a fonte leve a alegação à Comissão Interamericana de Direitos Humanos". Ver cabograma da embaixada dos Estados Unidos, 10.11.1982.

uma viagem ao Petén para averiguar denúncias de um massacre na cooperativa "Las Dos R's", os analistas da embaixada concluíram que "o mais provável responsável pelo incidente é o Exército guatemalteco".

Apesar das provas irrefutáveis de que os militares guatemaltecos eram responsáveis pela grande maioria dos massacres, os funcionários da embaixada insistiam em culpar a guerrilha. Como disse o embaixador norte-americano em outubro de 1982: "Nós acreditamos que a guerrilha causou a vasta maioria dos deslocamentos e do terror em [Quiché, Huehuetenango e Chimaltenango]".[18]

Como se discutiu anteriormente, o declarado empenho em proteger os direitos humanos era prontamente sacrificado em nome da conveniência política. Tal sacrifício aparece claramente em um memorando do fim de 1982 de Stephen W. Bosworth, o subsecretário de Estado para Assuntos Interamericanos, ao secretário de Estado, referente a vendas de armas.[19] Bosworth escreve:

> Em março de 1982 ... Ríos Montt chegou ao governo ... Consolidou rapidamente o poder e agiu quase imediatamente para reduzir as violações dos direitos humanos ... No entanto, os problemas de direitos humanos persistem ... particularmente no campo. Nossa embaixada nos informou recentemente de uma nova e aparentemente bem fundamentada denúncia de chacina em larga escala de homens, mulheres e crianças indígenas, numa região remota, perpetrada pelo exército guatemalteco. É possível que essa denúncia se torne pública no futuro próximo ... Em maio de 1982, tomou-se a decisão, em princípio, de aproveitar o progresso dos direitos humanos no governo de Ríos

---

[18] Os analistas da embaixada procuravam culpar a guerrilha pela maior parte da violência no campo usando diversos mecanismos; um deles consistia em atribuir os massacres ou à "esquerda" ou a "desconhecidos", mencionando a guerrilha à mais leve evidência, mas sem nunca fazer referência aos militares, por notórias que fossem as provas.

[19] "Action Memo", documento liberado do Departamento de Estado dos Estados Unidos, 11.11.1982.

Montt para tentar um avanço importante em nossas relações com a Guatemala, aprovando vendas militares à vista. Há bastante tempo que o país solicita a aprovação da venda das muito necessárias peças de reposição de helicóptero e de outro material militar. À parte seu valor militar, as vendas adquiriram um valor simbólico substancial como um teste das intenções dos Estados Unidos ... Atualmente, enfrentamos uma situação complexa na Guatemala. Ríos Montt não conta com uma base forte de poder, e os políticos associados ao terrorismo de direita ou os oficiais menos dispostos que Ríos Montt a se empenhar em impor o respeito aos direitos humanos estão conspirando ativamente para depô-lo ... Portanto, gostaríamos de poder apoiar Ríos Montt a curto prazo e, ao mesmo tempo, tentar levar a Guatemala a um processo democrático ... Para se conservar no poder, Ríos Montt vai precisar do apoio de seus militares, apoio que somente obterá se continuar demonstrando capacidade de melhorar as relações com os Estados Unidos. Também devemos considerar a questão da venda de armas com relação ao encontro do presidente Reagan com Ríos Montt, em Honduras, no dia 4 de dezembro ... Os desenvolvimentos recentes ... indicam que o Exército continua envolvido em massacres de civis no campo. Ríos Montt parece pouco disposto ou incapaz de controlar essa matança indiscriminada.

Bosworth prosseguiu recomendando que Reagan informasse Ríos Montt de que a venda seria aprovada, mas que lhe pedisse para não anunciá-la publicamente.

Embora não conheçamos a resposta do Departamento de Estado a essa proposta, seu raciocínio representa a lógica pela qual os Estados Unidos justificavam repetidamente o apoio a regimes que violavam os direitos humanos: primeiro, era imperativo apoiar Ríos Montt porque havia uma alternativa pior aguardando nos bastidores, no caso, militares reacionários que davam ainda menos importância aos direitos humanos do que Ríos Montt; em segundo lugar, valia a pena apoiar o regime de então porque representava uma abertura democrática emergente; terceiro, o que parecia preocupar Bosworth, mais do que os massacres indiscriminados, era o fato de as denúncias se tornarem públicas; quarto, conquanto Bosworth reconhecesse que os massacres eram cometidos pelo governo guatemalteco e que Ríos Montt estava pouco disposto ou era incapaz de impedi-los, o apoio ao regime beneficiaria a causa dos direitos humanos a longo prazo, pois o regime de então era um avanço com relação aos governos anteriores. O curso da ação derivado dessa linha de raciocínio levava a desacreditar as organizações de direitos humanos e a acolher publicamente o regime de Ríos Montt enquanto os militares guatemaltecos implementavam sua política de assassinatos indiscriminados.

Um mês depois do memorando de Bosworth, em dezembro de 1982, no auge da sanguinolência, Reagan encontrou-se em Honduras com Ríos Montt, o general do Exército que, na qualidade de chefe de Estado, presidia a pior fase do genocídio, e declarou que o general era "injustiçado" pelos críticos e estava "totalmente comprometido com a democracia" (*The New York Times*, 5.12.1982).[20] O governo William Clinton reconheceu o meio século de apoio letal aos governantes homicidas da Guatemala – forneceu fundos para a Comissão da Verdade das Nações Unidas, liberou alguns documentos importantes relacionados com a violência política e pediu desculpas, frouxamente, pela política passada. Mas isso foi pouco em comparação com a responsabilidade dos Estados Unidos pela devastação da cultura política guatemalteca.

Perseguindo a democracia

Após um prolongado período de crise política e econômica, o Exército começou a implementar um plano de segurança nacional que implicou a reforma do Estado, o retorno ao governo constitucional, civil, e a eleições periódicas. Tais planos exigiam a destruição total da insurgência, coisa a que se procedeu mediante uma campanha brutal de massacres e de militarização da vida cotidiana rural. É preciso enfatizar que nenhuma

---

[20] Ver Schirmer (1998, p.170-3) sobre o apoio da CIA aos modernizadores militares da década de 1980, o qual, como nos anos 60, implicou uma vez mais profissionalizar o sistema de inteligência.

dessas reformas levou a uma diminuição do poder do Exército – pelo contrário, este se dilatou e se reforçou. A "transição para a democracia" de 1986 foi, na verdade, a continuação da estratégia de contrainsurgência do Exército de impor a estabilidade nacional por meio de um retorno restrito ao constitucionalismo, o qual, por sua vez, institucionalizou e ajudou a dissimular o poder exercido pelos militares.

Em 1982 tudo mudou na Guatemala. O ano marcou o clímax da escalada da repressão do Estado, iniciada com a deposição patrocinada pelos Estados Unidos, em 1954, de um regime reformista e concluída com os militares desencadeando uma campanha de contrainsurgência cuja barbaridade só tem rival nas imagens históricas da conquista. Em 1982, o Exército não só dizimou a base social e a estrutura militar da guerrilha, como transformou os termos do debate. Embora a guerra estivesse fadada a durar mais quatorze anos, não só a vitória da guerrilha já não era possível, como a narrativa tinha sido rompida. Bem antes do colapso da União Soviética ou da derrota eleitoral da Frente Sandinista de Libertação Nacional na Nicarágua, a retórica do movimento popular mudou. Já não se tratava de uma luta progressiva, historicamente inevitável, por uma nação socialmente mais justa – pelo cumprimento da promessa feita pelo florescimento democrático de 1944-1954. Tratava-se de uma luta de defesa dos direitos humanos e pelo restabelecimento do império da lei. Posto que a guerrilha possa ter ganhado a campanha internacional de relações públicas, apresentando com sucesso o Exército e o Estado guatemaltecos como repressivos e corruptos, os militares venceram a batalha – pelo menos por ora – pelos limites do futuro da nação.

A atual situação da Guatemala é insustentável, o que sugere que o ciclo de revolução e repressão talvez não tenha terminado. O terror político por certo diminuiu. Nominalmente, o país é uma democracia constitucional com eleições periódicas. No entanto, a devastação iniciada há um quarto de século não retrocedeu. Aliás, acelerou-se. Quase 30% da população feminina adulta não sabe ler nem escrever. Segundo a avaliação da

CIA, oito milhões de guatemaltecos vivem abaixo da linha da pobreza, situação que piorou desde o fim das guerras.[21] Quase seis milhões de pessoas subsistem com menos de dois dólares por dia. Morrem 38 crianças de mil nascidas vivas – um índice cinco vezes superior ao dos Estados Unidos. Ao mesmo tempo, é altíssima a desigualdade na distribuição da riqueza (*The New York Times*, 17.3.2002). As elites privilegiadas vivem em comunidades-fortalezas, com seguranças privados armados até os dentes a protegê-las da ameaça constante de sequestro por resgate.

A recente emergência – financiada pelo Banco Mundial – do Vietnã como um importantíssimo exportador de café levou a uma queda vertiginosa do preço do produto e a tempos difíceis para muitos cafeicultores guatemaltecos – uma ironia que não lhes escapa: "Nós fomos fiéis a Washington durante a guerra fria, e é assim que os Estados Unidos nos pagam, financiando o ex-inimigo", queixou-se um deles no ano passado. A queda do preço do café piorou a situação já precária dos mais vulneráveis. Em algumas áreas rurais, a fome, as doenças infecciosas e a subnutrição são a rotina, e morrer de fome está se tornando comum (*The New York Times*, 20.3.2002). Para muitos, a única maneira viável de fugir de tamanha devastação é viajar para o norte, para o México ou para os Estados Unidos, mas o aumento da vigilância nas fronteiras norte-americanas – como parte da guerra ao terrorismo – tornou essa rota bem mais incerta. A degradação ambiental – desmatamento, erosão do solo, contaminação da água e poluição do ar – chegou a proporções críticas.

Em toda a América Central, até mesmo na conceituada Costa Rica, a criminalidade violenta subiu verticalmente a níveis de tempos de guerra. Sessenta pessoas são assassinadas semanalmente na cidade da Guatemala. Grande parte dessa violência se liga ao roubo de automóveis, aos sequestros, à extração ilegal de madeira, ao assalto a bancos e, acima de tudo, ao narcotráfico. O istmo se transformou na rota-chave das drogas oriundas dos

---

[21] As cifras sociais e econômicas procedem principalmente do World Factbook da CIA, disponível em: http://www.cia.gov/cia/publications/factbook/geos/gt.html

Andes destinadas aos Estados Unidos, com oficiais do Exército de alta patente fazendo "bico" no ramo de importação-exportação. Uma globalização clandestina alimenta essa violência, com gangues como a Mara Salvatucha e a Mara 18 operando em El Salvador, na Guatemala, em Honduras e em Los Angeles. Estima-se que tais quadrilhas sejam responsáveis por 10% dos homicídios da região. Grupos secretos ligados ao Exército operam quase do mesmo modo que os esquadrões da morte da década de 1980. Abastecidos de informações fornecidas por um aparato de inteligência do tempo da guerra, fazem o trabalho de linha de frente para as quadrilhas chefiadas por militares. Embora envolvidos sobretudo com o crime comum, ocasionalmente eliminam os ativistas que tentam justiçar os responsáveis pela repressão política.

A Guatemala – que devia ser uma "vitrina da democracia" após a queda de Arbenz em 1954 – padece de uma cultura política séptica. Lá, a repressão do Estado foi a pior da América Central e deixou pouco mais do que um farrapo ineficaz de oposição. A intimidação do camponês, do sindicato e dos ativistas dos direitos humanos prossegue, se bem que em grau muito inferior ao do tempo da guerra. Quase trinta ativistas políticos foram assassinados na última campanha presidencial. O poder dos militares continua inabalável. Os dois únicos oficiais do Exército presos por violação dos direitos humanos durante a guerra foram soltos mediante recurso. Os responsáveis pelo genocídio continuam não só a gozar de impunidade, como a ocupar cargos públicos. Ríos Montt, por exemplo, acaba de cumprir mandato de presidente do Congresso – se bem que, recentemente, tenha fracassado na tentativa de retornar à presidência da República, um pontinho luminoso numa paisagem de desolação.

A Guatemala podia ser excluída como história *in extremus* – singular em sua degeneração e devastação –, não fosse o fato de ter muitíssimo em comum com a história da guerra fria na América Latina como um todo e até de impulsioná-la. A destruição da Revolução Guatemalteca fez parte de uma ampla contenção e de uma ampla reversão das linhagens mais humanistas da democracia latino-americana e foi um passo crucial rumo à brutalização da política continental. Durante todo o século XX, os guatemaltecos perseguiram a democracia, e seus atos e consequências geraram todos os significados ambíguos implícitos nessa frase. Eles procuraram realizá-la, o que, para muitos, não significava tanto a representação institucional formal quanto algum tipo de desenvolvimento nacional equitativo e de participação política popular. Nesse sentido, a passagem para a democracia representativa ocorrida na Guatemala, assim como no resto da América Latina após os regimes militares e as guerras civis das décadas de 1970 e 1980, é menos a realização do que uma derrota das visões de emancipação da política popular, que chegaram ao auge pouco depois da Segunda Guerra Mundial. A democracia na América Latina, pelo menos o seu conteúdo mais igualitário, tem sido perseguida incansavelmente – e tem sido caçada, dominada e derrotada. Mas a América Latina continua a perseguir a democracia, isto é, a comprometer-se com ela. As tentativas de submeter à Justiça os responsáveis pelo terror contrainsurgente na Guatemala, no Chile, na Argentina e em Honduras, o movimento dos sem-terra e pelos direitos dos homossexuais no Brasil, as lutas contra o fundamentalismo do livre-comércio no Cone Sul e nos Andes, o ativismo indígena e pelos direitos ambientais no México são apenas algumas manifestações que hoje colocam o continente na vanguarda do movimento mundial pela justiça social. São exemplos de como a própria democracia continua perseguindo, caçando, abalando as relações sociais e desafiando o poder e o privilégio.

Bibliografia

ALBIZUREZ, M. A. *Tiempo de sudor y lucha*. Guatemala: Edición Local, 1987.

ALVARADO ARELLANO, H. Walt Whitman: poeta nacional, democrático y realista. *Cuadernos del Guayas* (Equador), v.6, 1955.

AMERICAS WATCH. *A nation of prisoners*. Washington, 1984.

AMERICAS WATCH REPORT. *Guatemala revised*: how the Reagan administration finds "improvements" in human rights in Guatemala. Washington, set. 1985.

APRECIACIÓN DE ASUNTOS CIVILES (G-5) PARA EL ÁREA IXIL. *Revista Militar*, sept.-dic. 1982.

ASTURIAS, M. A. *Viento fuerte*. Buenos Aires: Editorial Losada, 1950.

_____. *El papa verde*. Buenos Aires: Editorial Losada, 1954.

_____. *El señor presidente*. Buenos Aires: Editorial Losada, 1959.

_____. *Los ojos de los enterrados*. Buenos Aires: Editorial Losada, 1960.

_____. *El problema social del indio y otros textos*. Paris: Centre de Recherches de l'Institut d'Études Hispaniques, 1971.

ARAGÓN, L. C. y. *La revolución guatemalteca*. Montevideo: Ediciones Pueblos Unidos, 1956.

ARAGÓN, O. de L. *Caída de un régimen*: Jorge Ubico-Federico Ponce, 20 de octubre 1944. Guatemala: Facultad Latinoamericana de Ciencias Sociales, 1995.

BALL, P., KOBRAK, P., SPIRER, H. *State violence in Guatemala. 1960-1996*: a quantitative reflection. Washington: American Association for the Advancement of Science, 1999. 12v.

BARRY, T. *The politics of counterinsurgency*. The Inter-Hemipheric Affairs, 21.7.1983.

BETHELL, L., ROXBOROUGH, I. (Ed.) *Latin America between the Second World War and the Cold War, 1944-1948*. Cambridge: Cambridge University Press, 1992a.

BETHELL, L., ROXBOROUGH, I. (Ed.) Conclusion: the postwar conjuncture in Latin America and its consequences. In: _____. *Latin America between the Second World War and the Cold War, 1944-1948.* Cambridge: Cambridge University Press, 1992b.

_____. The impact of the Cold War on Latin America. In: LEFFLER, M., PAINTER, D. (Ed.) *Origins of the Cold War*: an international history. New York: Routledge, 1994.

BÖCKLER, C. G., HERBERT, J.-L. *Guatemala*: una interpretación histórico-social. México: Siglo Veintiuno, 1970.

BRODER, T., LAMBEK, B. Military aid to Guatemala: the failure of U. S. human rights legislation. *Yale Journal of International Law*, v.13, n.1, 1988.

CAMBRANES, J. C. (Ed.) *500 años de lucha por la tierra*. FLACSO, 1992. v.1.

CHEA, J. L. *Guatemala*: la cruz fragmentada. San José, Costa Rica: Departamento Ecuménico de Investigaciones, 1988.

CIFUENTES, J. F. Operación Ixil: plan de asuntos civiles. *Revista Militar*, sept.-dic. 1982.

COMISIÓN PARA EL ESCLARECIMIENTO HISTÓRICO (CEH). *Guatemala*: memoria del silencio. Guatemala: United Nations Operating Projects Service, 1999.

COSTA, E. V. da. Liberalism: theory and practice. In: _____. *The Brazilian Empire*: myths and histories. Chicago: University of Chicago Press, 1985.

CULLATHER, N. *Secret history*: the CIA's classified account of its operations in Guatemala 1952-1954. Stanford: Stanford University Press, 1999.

DAVIS, S., HODSON, J. *Witness to political violence in Guatemala*. Boston: Oxfam America, 1982.

EL PAÍS. Clinton exige toda la verdad sobre el papel de la CIA en Guatemala. 25.3.1995.

FERNÁNDEZ, J. M. *El Comité de Unidad Campesina*: orígen y desarrollo. Guatemala: Centro de Estudios Rurales Centroamericanos, 1988.

FIGUEROA IBARRA, C. *Violencia y revolución en Guatemala*: 1954-1972. Cidade do México, 2000. PhD – Universidad Nacional Autónoma de México.

FLORES, M. A. (Ed.) *Fortuny*: un comunista guatemalteco. Cidade da Guatemala: Universidad de San Carlos, 1994.

FOSTER, C. *The time of freedom*: campesino workers in Guatemala's October Revolution. Pittsburgh: University of Pittsburgh Press, 2001.

GLEIJESES, P. *Shattered hope*: the Guatemalan Revolution and the United States, 1944-1954. Princeton: Princeton University Press, 1991.

GRAMAJO MORALES, H. A. La tesis de la estabilidad nacional doce años después. *Visión Nacional*. Fundación para el Desarrollo Institucional de Guatemala, oct. 1994.

_____. *De la guerra... a la guerra*: la difícil transición política en Guatemala. Guatemala: Fondo de Cultura, 1995.

GRANDIN, G. To end with all these evils: ethnic transformation and community mobilization in Guatemala's western highlands, 1954-1980. *Latin American Perspectives*, v.24, n.2, p.7-33, 1997.

_____. *Denegado en su totalidad*: documentos estadounidenses liberados. Cidade da Guatemala: Asociación para el Avance de las Ciencias Sociales en Guatemala, 2001.

_____. *The last colonial massacre*: Latin America in the Cold War. Chicago: University of Chicago Press, 2004.

GREEN, D. *The containment of Latin America*: a history of the miths and realities of the good neighbor policy. Chicago: Quadrangle, 1971.

GUATEMALA, ESTADO MAYOR GENERAL DEL EJÉRCITO. Plan Nacional de Seguridad y Desarrollo. 1982.

HANDY, J. *Revolution in the countryside*: rural conflict and agrarian reform in Guatemala. 1944-1954. Chapel Hill: University of North Carolina Press, 1994.

HOLLANDER, N. C. *Love in the time of hate*: liberation psychology in Latin America. New Brunswick: Rutgers University, 1997.

HOYOS DE ASIG, M. P. *Fernando Hoyos, ¿dónde estás?* Guatemala, Centroamérica: Fondo de Cultura, 1997.

HUGGINS, M. *Political policing*: the United States and Latin America. Durham: Duke University Press, 1998.

HUNT, H. *Undercover*: memoirs of an american secret agent. New York: Berkeley Publishing, 1974.

IMMERMAN, R. *The CIA in Guatemala*: the foreign policy of intervention. Austin: University of Texas Press, 1982.

INFORPRESS CENTROAMERICANA. *Compendio del proceso de paz*: cronología, análisis, documentos, acuerdos. Guatemala: Inforpress Centroamericana, 1995. t.I.

JAMES, D. *Resistance and integration*: peronism and the Argentine working class, 1946-1976. Cambridge: Cambridge University Press, 1988.

LEVENSON-ESTRADA, D. *Trade unionist against terror*: Guatemala City 1954-1985. Chapel Hill: University of North Carolina Press, 1994.

LOVEMAN, B., DAVIS, T. M. (Ed.) *Politics of anti-politics*: the military in Latin America. Lincoln: University of Nebraska Press, 1989.

LUSANE, C. Israeli arms in Central America. *Covert Action*, winter 1984.

MAYER, A. J. *The furies*: violence and terror in the French and Russian revolutions. Princeton: Princeton University Press, 2000.

MELVILLE, T. *Whose heaven, whose earth*. New York: Knopf, 1971.

MOORE JUNIOR. *Injustice*: the social bases of obedience and revolt. White Plains: M. E. Sharpe, 1978. [Ed. bras.: *Injustiça*: as bases sociais da obediência e da revolta. São Paulo: Brasiliense, 1987.]

NAIRN, A. The Guatemala connection. *The Progressive*, maio 1986.

NATIONAL SECURITY ARCHIVES, CENTRAL INTELLIGENCE AGENCY. Special Report: Guatemalan communist take hard line as insurgency continues. 6.8.1965.

_____. Report, Guatemala on the eve of the elections. 5.3.1966.

NATIONAL SECURITY ARCHIVES, DEPARTMENT OF STATE. Guatemala: a counter-insurgency running wild? 23.10.1967.

_____. Guatemala's desappeared, 1966-1986. c.1988.

PHILLIPS, D. A. *The night watch*. New York: Atheneum, 1977.

POPKIN, M. *Las patrullas civiles y su legado*: superar la militarización y polarización del campo guatemalteco. Washington: Robert F. Kennedy Memorial Center for Human Rights, 1996.

PORRAS, G. Análisis estructural y recomposición clasista de la sociedad guatemalteca de 1954-1980. In: CENTRO DE ESTUDIOS INTEGRADOS DE DESARROLLO COMUNAL. *Seminario Estado, clases sociales y cuestión etnico-nacional*. Cidade do México: Editorial Praxis, 1992.

PROYECTO INTERDIOCESANO DE RECUPERACIÓN DE LA MEMORIA HISTÓRICA (REMHI). *Guatemala*: nunca más. Guatemala: Oficina de Derechos Humanos del Arzobispado de Guatemala, 1998. 4v.

ROBIN, R. *The making of the Cold War enemy*: culture and politics in the military-intellectual complex. Princeton: Princeton University Press, 2001.

ROETTINGER, P. C. The company, then and now. *The Progressive, July*. 1986.

ROOSEVELT, K. *Countercoup*: the struggle for control of Iran. New York: McGraw Hill, 1979.

RUBENBERG, C. A. Israel and Guatemala: arms, advice and counterinsurgency. *Middle East Report*, May-June. 1986.

SCHIRMER, J. *The Guatemalan military project*: a violence called democracy. Philadelphia: University of Pennsylvania Press, 1998.

SCHLESINGER, S., KINZER, S. *Bitter fruit*: the untold story of the american coup in Guatemala. New York: Doubleday, 1982.

SLAUGHTER, R. Israel arms trade. *NACLA*, Jan.-Feb. 1982.

SOLOMON, J. *Violencia institucional*: las patrullas de autodefensa civil en Guatemala, 1993-1994. Washington: Robert F. Kennedy Memorial Center for Human Rights, 1994.

STREETER, S. *Managing the counterrevolution*: the United States and Guatemala: 1954-1961. Athens: Ohio University Press, 2000.

TARACENA ARRIOLA, A. *Les origenes du mouvement ouvrier au Guatemala*, 1878-1932. Paris: EHESS, 1982.

THE NEW YORK TIMES. U. S. is said to plan aid to Guatemala to battle leftists. 25.4.1982.

_____. U. S. general calls Guatemala ais "imperative". 22.8.1982.

_____. Reagan denounces threats to peace in Latin America. 5.12.1982.

_____. U. S. military aid for Guatemala continuing despite official curbs. 9.12.1982.

_____. In Guatemala's dark hert, C.I.A. lent succor to death. 2.4.1995.

_____. Central America's cities grow bigger, and poorer. 17.3.2002.

_____.Malnourished to get help in Guatemala. 20.3.2002.

THE UNITED STATES GENERAL ACCOUNTING OFFICE, NATIONAL SECURITY AND INTERNATIONAL AFFAIRS DIVISION. Military sales: The United States continuing munitions supply relationship with Guatemala, 30, 1986.

THE WASHINGTON POST. U. S. embarrassed by Guatemala links. 9.4.1995.

SOBRE O LIVRO

Formato: 10,5 x 19 cm
Mancha: 18,8 x 42,5 paicas
Tipologia: Minion 10,5/12,9
Papel: Pólen Soft 80 g/m² (miolo)
Cartão Supremo 250 g/m² (capa)
1ª edição: 2005
2ª reimpressão: 2015

EQUIPE DE REALIZAÇÃO

Coordenação Geral
Sidnei Simonelli

Produção Gráfica
Anderson Nobara

Edição de Texto
Túlio Kawata (Preparação de Original)
Carlos Villarruel e
Sandra Regina de Souza (Revisão)
Oitava Rima Prod. Editorial (Atualização Ortográfica)

Editoração Eletrônica
Oitava Rima Prod. Editorial

Projeto Visual
Ettore Bottini

Ilustração de Capa
Guerrilheiros da "Frente Sur Santos Salazar"
em práticas militares. Escuintla, Guatemala.
© Jorge Ignacio, 1996.

Impressão e Acabamento: